A linguagem da paz em um mundo de conflitos

Sua próxima fala mudará seu mundo

MARSHALL ROSENBERG

Autor do best-seller *Comunicação Não Violenta*

A linguagem da paz em um mundo de conflitos

Sua próxima fala mudará seu mundo

PREFÁCIOS
Dorothy J. Maver e **David Hart**

TRADUÇÃO
Grace Patricia Close Deckers

Palas Athena

Título original: *Speak Peace in a World of Conflict:*
What You Say Next Will Change Your World
Copyright © 2005 PuddleDancer Press

Grafia segundo o Acordo Ortográfico da Língua Portuguesa de 1990,
que entrou em vigor no Brasil em 2009.

Coordenação editorial: Lia Diskin
Preparação de originais: Tônia Van Acker
Revisão técnica: Silvio de Melo Barros
Revisão: Rejane Moura
Capa e Projeto gráfico: Jonas Gonçalves
Produção e Diagramação: Tony Rodrigues

Dados Internacionais de Catalogação na Publicação (CIP)
(Câmara Brasileira do Livro, SP, Brasil)

Rosenberg, Marshall B.
 A linguagem da paz em um mundo de conflitos: sua próxima fala mudará seu mundo / Marshall B. Rosenberg; prefácios Dorothy J. Maver e David Hart; tradução Grace Patricia Close Deckers. – São Paulo : Palas Athena, 2019.

Título original: Speak Peace in a World of Conflict: What You Say Next Will Change Your World

ISBN 978-85-60804-40-5

1. Comunicação oral - Aspectos psicológicos 2. Comunicação interpessoal 3. Relações interpessoais I. Maver, Dorothy J. II. Hart, David. III. Título.

19-24693   CDD-153.6

Índices para catálogo sistemático:
1. Comunicação interpessoal : Psicologia   153.6

4ª edição, dezembro de 2020

Todos os direitos reservados e protegidos
pela Lei 9610 de 19 de fevereiro de 1998.

É proibida a reprodução total ou parcial, por quaisquer meios,
sem a autorização prévia, por escrito, da Editora.

Direitos adquiridos para a língua portuguesa por Palas Athena Editora.
Alameda Lorena, 355 – Jardim Paulista
01424-001 – São Paulo, SP – Brasil
Fone (11) 3050-6188
www.palasathena.org.br
editora@palasathena.org.br

A LINGUAGEM DA PAZ é um livro que chega no momento apropriado em que ódio e violência dominam as atitudes humanas. Marshall Rosenberg nos mostra como criar paz através de nossa linguagem e comunicação. Um livro brilhante!

— **Arun Gandhi**, presidente, M.K. Gandhi Institute for Nonviolence, E.U.A.

A LINGUAGEM DA PAZ é a síntese de décadas de cura e pacificação. Seria difícil elencar quem se beneficiaria com a leitura deste livro, porque, na realidade, cada um de nós seria beneficiado.

— **Dr. Michael Nagler**, escritor, *America Without Violence* e *Is There No Other Way?: The Search for a Nonviolent Future*

A LINGUAGEM DA PAZ se destaca da boa literatura que trata da não violência por sua fundamental intimidade com as complexidades da natureza humana. Rosenberg nos dá evidências significativas globais de como a forma e o conteúdo do que dizemos refletem quem somos e quem podemos vir a ser.

— **Dra. Barbara E. Fields**, diretora executiva, The Association for Global New Thought

Muitos livros sobre comunicação são poderosos na teoria, mas, na prática, inexequíveis. O clássico de Marshall Rosenberg é a exceção que se destaca nesse sentido. Tem argumentos claros e convincentes e apresenta, de forma convidativa e inspiradora, técnicas e estratégias pragmáticas. Se bastantes pessoas lerem este livro, o mundo se transformará.

— **Hugh Prather**, escritor, *Não leve a vida tão a sério* e *Aprenda a viver em paz*

A LINGUAGEM DA PAZ em um mundo de conflitos presenteia o espírito, teoria e experiência da comunicação não violenta aos que procuram a paz interior e exterior. Complementa o livro de John Burton, *Deviance, Terrorism and War*, como um guia de investigação de estratégias para a satisfação mútua de necessidades, para promover condições não violentas de vida no globo.

— **Glenn D. Paige**, escritor, *Nonkilling Global Political Science*; fundador, *Center for Global Nonkilling*

A LINGUAGEM DA PAZ demonstra como podemos transformar em realidade nossos anseios mais profundos de um mundo harmonioso. Com histórias e exercícios, o livro apresenta práticas simples, mas sutis, de conquistar a paz – nos níveis interno, externo e institucional. Se quiser contribuir para criar um mundo mais feliz, fique fluente nesse processo!

— **Diana Lion**, diretora associada e diretora do programa prisional, Buddhist Peace Fellowship

Sumário

11	**Agradecimentos**
15	**Prefácio de Dorothy J. Maver**
17	**Prefácio de David Hart**
21	**Introdução**

Origens da Comunicação Não Violenta 24
O propósito da Comunicação Não Violenta 27

33	**Parte I**
	O processo da linguagem da paz

Capítulo 1 · As duas perguntas 35
Capítulo 2 · Como podemos expressar o que está vivo em nós? 41
    Observações 43
    Sentimentos 46
    Necessidades 50
Capítulo 3 · Como podemos tornar a vida mais maravilhosa? 55
    Pedidos 57
    Pedidos *versus* Exigências 61

69 Parte II
Aplicando Comunicação Não Violenta

Capítulo 4 · **Mudança interior** 71
    Crescimento via autoeducação 73
    Autoempatia pelos nossos erros 79
    Curando feridas antigas – Luto *vs.* Pedido de
    desculpas 83

Capítulo 5 · **Conectando-se empaticamente
com os outros** 87
    Reagindo às mensagens dos outros 90

Capítulo 6 · **Ver a beleza nos outros** 97

Capítulo 7 · **O que você quer mudar?** 105

Capítulo 8 · **Gangues e outras estruturas
de dominação** 115
    Como chegamos onde estamos? 117
    Promovendo mudanças em nossas escolas 120
    Trabalhando com gangues em guetos 123
    Transformando outras instituições sociais 126

Capítulo 9 · **Transformando imagens de
inimigo e criando conexões** 129
    Mediando tribos em guerra 134
    Lidando com o terrorismo 138

143 Parte III
**Promovendo mudança social com a
linguagem da paz**

Capítulo 10 · **Reunindo forças para promover
mudança social** 145
    Financiamento para mudança social 153

Capítulo 11 · **Lidando com conflitos e confrontos**......159

    Enxergando o ser humano que está do outro lado da mesa..................163
    Transformando conflitos empresariais..................167
    Transformando a cultura empresarial..................170
    Quando as pessoas não querem se encontrar..................172

Capítulo 12 · **Gratidão**..................173

    Elogios e parabéns como julgamentos prejudiciais..................177
    Expressando gratidão com a CNV..................180
    Como receber gratidão..................176

Capítulo 13 · **Resumo – Considerações finais**..................183

- 189 **Bibliografia**
- 191 **Índice remissivo**
- 199 **Os quatro componentes da CNV**
- 200 **Lista de sentimentos e necessidades universais**
- 201 **Sobre a Comunicação Não Violenta**
- 203 **Sobre o Center for Nonviolent Communication**
- 205 **Sobre o autor**

Agradecimentos

Quando comecei, há mais de trinta anos, foi difícil encontrar pessoas que tivessem a capacidade de imaginar como o mundo poderia ser, e a energia e competência para promover as mudanças sociais necessárias. Hoje, é mais fácil. Sinto-me encorajado ao ver a Comunicação Não Violenta (CNV) se espalhando como um movimento popular, por facilitadores treinados em Comunicação Não Violenta e que passam a se conectar com gente de outros países e a treiná-las para que possam ensinar outros. Essas pessoas alimentam minha esperança e não é difícil encontrá-las em meu país.

Vejo um mundo diferente do que a maioria das pessoas vê na televisão. Trabalho em muitos desses lugares que estão nos noticiários – Serra Leoa, Sri Lanka, Burundi, Bósnia e Sérvia, Colômbia e Oriente Médio. Tanto na Nigéria como em Ruanda, trabalhei com pessoas cuja família inteira tinha sido assassinada, portanto estou a par do que acontece no mundo.

Por outro lado, trabalho em toda parte com pessoas que me dizem que as coisas não precisam ser assim. Elas têm uma visão diferente do planeta, uma consciência distinta, e estão rapidamente propagando essa consciência. Não tenho palavras para expressar como me inspiram sua coragem, visão e capacidade de manter a energia elevada.

Sou grato por ter podido estudar e trabalhar com o professor Carl Rogers na época em que ele investigava os fatores que melhoram os relacionamentos. Os resultados dessa pesquisa tiveram papel essencial no desenvolvimento do processo de comunicação descrito neste livro.

Gostaria de expressar gratidão à minha amiga Annie Muller. Seu incentivo para que eu esclarecesse os fundamentos espirituais de meu trabalho o fortaleceu e enriqueceu a minha vida.

Serei eternamente grato ao professor Michael Hakeem por ter me ajudado a ver as limitações científicas e os perigos sociais e políticos de compreender a natureza humana com base em patologias. Perceber as limitações dessa abordagem me estimulou a procurar um modelo de psicologia baseado em uma crescente clareza sobre o modo como seres humanos foram criados para viver.

Sou especialmente grato àqueles que chamo de semeadores da CNV, pessoas que se dedicaram totalmente a difundir a consciência da CNV. A seguir, uma breve lista das pessoas a quem sou grato por terem exercido um papel crucial na propagação da CNV nos anos iniciais, em todo o mundo:

Nafez Assaily na Palestina
Anne Bourrit na Suíça
Bob Conde em Serra Leoa
Vilma Costetti na Itália
Dunia Hategekimana em Burundi
Rita Herzog nos Estados Unidos
Nada Ignjatovic-Savic na ex-Iugoslávia
Samie Ihejirka na Nigéria
Barbara Kunz na Suíça

Jean-François Le Coq na Bélgica
Lucy Leu nos Estados Unidos
Pascale Molho na França
Theodore Mukudonga em Ruanda
Irma Carmel Neland na Irlanda
Chris Rajendram no Sri Lanka
Jorge Rubio na Colômbia
Isolde Teschner na Alemanha
Towe Widstrand na Suécia

Há ainda muitos, muitos outros, mais do que consigo elencar aqui. É uma fonte de imensa alegria ver como essas pessoas, junto com milhares de outras, estão contribuindo para a paz em suas comunidades, regiões, países e em todo o mundo.

Dr. Marshall Rosenberg

Prefácio de Dorothy J. Maver

O som é um poderoso agente criativo. A fala reflete nossos pensamentos e impressões, definindo o mundo em que vivemos.

É através da fala que somos conhecidos, pois ela conta a história de nossa vida pensada e da essência de nosso ser. A maneira como nos expressamos pode abrir ou fechar portas, curar ou ferir, causar alegria ou sofrimento e, em última análise, ela determina nosso grau de felicidade.

A primeira vez que ouvi Marshall Rosenberg falar sobre a linguagem da paz, percebi estar diante de um homem de visão que tinha coragem de lutar por ela. Enquanto compartilhava suas ideias e histórias, de forma divertida e profunda, sobre como as vidas das pessoas mudaram depois que as necessidades de todos tinham sido satisfeitas, ele confirmou algo que meu coração já sabia. É possível viver uma relação boa uns com os outros e com toda a vida.

Nesta época de dor e sofrimento em nosso mundo, Marshall nos dá a chave. A chave libera o presente da compreensão de como nossa fala impacta e influencia nossa vida e a dos outros.

Ele nos oferece exemplos concretos, profundidade de conhecimento, inúmeras ferramentas capazes de harmonizar quaisquer conflitos em que haja o desejo de colaborar.

Na avaliação do workshop de Comunicação Não Violenta para ativistas políticos, uma participante compartilhou que ficou aliviada e esperançosa quando a raiva se extinguiu e o conflito se resolveu. No passado, sua forma agressiva de se comunicar a impedira de ser uma ativista política e uma agente de mudança eficaz.

Ao aprender a linguagem da paz em um mundo de conflitos, transformamos o mundo em que vivemos, convertendo-nos em causa e não simplesmente em efeito. Nossa fala ajuda a criar um mundo que serve para todos, um mundo em que compreendemos e vivemos o conceito da Comunicação Não Violenta. Vivendo intensamente dessa forma, nossas motivações se transformam, e entendemos o que Marshall quer dizer quando fala que "passamos a agir com o único propósito de contribuir de bom grado para o nosso bem-estar e o dos outros".

A *Linguagem da Paz* é muito mais que um livro de autoajuda. Ele nos ensina a produzir mudanças, de forma eficaz, nas esferas pessoal, social, política e global. É um livro excelente e muito necessário neste estágio de nossa evolução. A paz começa com cada um de nós. Obrigada, Marshall Rosenberg, por sua significativa contribuição para a construção de uma Cultura de Paz.

Dra. Dorothy J. Maver
Diretora Executiva de The Peace Alliance e
The Peace Alliance Foundation
Professora de Cultura de Paz
Defensora da existência de um Departamento
de Paz nos Estados Unidos
www.thepeacealliance.org

Prefácio de David Hart
Washington, D.C., julho de 2005

No momento em que escrevo este prefácio sobre a importância da Comunicação Não Violenta, o mundo ainda está abalado com os atentados à bomba no metrô de Londres em 7 de julho de 2005. Acordamos com a notícia de que "aquilo" havia acontecido de novo. Vimos as imagens, ouvimos os sons da violência e sentimos uma profunda conexão pessoal com os que estavam sofrendo e com os entes queridos que ainda sofrem.

De algum modo, apesar da distância que nos separa do local do atentado, captamos a dor que a violência causa. Mais uma vez nos deparamos com a realidade de que as bombas destroem frágeis formas humanas e acabam com a vida de seres preciosos. Embora a distância pudesse amortecer o choque, em Washington, D.C., em todo o país e no mundo, sentimos o poder avassalador do medo.

Ao mesmo tempo que celebro as ferramentas da Comunicação Não Violenta apresentadas nesta obra, me pergunto o que é preciso para que realmente falemos "a linguagem da paz em um mundo de conflitos". A violência que nos abalou em julho de 2005 é comum demais, familiar demais, faz parte de nossas vidas muito além da conta. Às vezes nos conectamos com as vítimas dessa violência pandêmica. Geralmente ficamos apáticos – incapazes de sentir a dor da violência ou a beleza de nossa humanidade compartilhada.

No dia anterior aos atentados de Londres, vidas foram ceifadas em Bagdá e Faluja. Tivemos participação nessa violência, mas não expressamos nossos sentimentos por essas vítimas nem indagamos quando isso terá fim. Tendemos a atentar para isso somente se os que perdem a vida prematuramente são considerados pessoas "como nós". Se usam o uniforme certo ou se são parecidos conosco, reconhecemos nossos pontos comuns e os enxergamos como seres humanos completos. Do contrário, não damos valor às suas vidas.

Neste importante livro o Dr. Rosenberg nos lembra que "estamos vivendo sob a influência desse mito destrutivo há muito tempo e ele se completa com uma linguagem que desumaniza as pessoas e as transforma em objetos". Além disso, ele nos propõe um caminho para sair dessa escuridão. Lembra-nos que nossas palavras e ações têm consequências. Nossos atos e omissões concernentes à crescente violência moldam o mundo e determinam nosso futuro.

Na Association for Conflict Resolution [Associação para Resolução de Conflitos], tenho o grande prazer de trabalhar com profissionais hábeis que se esforçam diariamente para ajudar as pessoas a resolverem conflitos de maneira criativa, construtiva e sem violência. Nossos profissionais dessa área vital e em expansão consideram o conflito como parte natural e saudável da vida. Não procuramos eliminá-lo, porque acreditamos que ele nos ajuda a crescer como indivíduos e como sociedade. Em vez disso, buscamos uma resposta mais eficaz para o conflito. Dr. Rosenberg nos oferece uma abordagem criativa de comunicação em um mundo saturado de violência.

Celebro a existência de visionários pragmáticos que tentam construir um mundo melhor e trabalham diariamente para atingir esse propósito. Com a colaboração de todos, podemos encontrar um caminho que nos leve da escuridão da violência à luminosidade da paz. Dr. Rosenberg adicionou sua prestimosa voz a um importante diálogo. Sua proposta é perspicaz, provocativa e certamente incita um debate. Apesar de eu não partilhar plenamente da mesma abordagem, isso é irrelevante. Ele não ficaria satisfeito com um simples acordo. Ele deseja entabular um diálogo vital em que olhamos para dentro e nos perguntamos como podemos contribuir para um mundo melhor.

A Comunicação Não Violenta é parte da solução dos problemas que enfrentamos hoje. Ao reunir coragem para entrar no metrô aqui de Washington, D. C., sinto-me fortalecido pelo trabalho do Dr. Rosenberg e de pessoas do mundo inteiro que, como ele, não aceitam o *status quo* das respostas violentas aos conflitos.

Leia este livro, leve sua mensagem ao coração, e permita que seja um passo na jornada do autodescobrimento e da pacificação. Juntos, pouco a pouco, de palavra em palavra, dia após dia, podemos verdadeiramente falar A *linguagem da paz em um mundo de conflitos* e, ao fazer isso, podemos construir um futuro mais promissor.

David A. Hart
Association for Conflict Resolution (ACR)

Introdução

> Precisamos de um mundo mais pacífico, resultante de famílias, vizinhanças e comunidades mais pacíficas. Para preservar e cultivar a paz, devemos amar o próximo, tanto nossos inimigos como nossos amigos.
>
> Howard W. Hunter

Estou grato pela oportunidade de compartilhar o propósito e os princípios da Comunicação Não Violenta – CNV* e de dar exemplos de como ela está sendo usada em todo o mundo, em diferentes níveis.

Mostrarei como está sendo utilizada nos níveis intrapessoal bem como no interpessoal, criando conexões de qualidade em casa, no trabalho e em esforços para promover mudanças sociais.

A linguagem da paz é a comunicação sem violência, resultado prático de adotar os princípios da CNV. É dar e receber mensagens que giram em torno de duas perguntas muito importantes: **O que está vivo em nós? O que podemos fazer para tornar a vida mais maravilhosa?**

A linguagem da paz é uma forma de conectar-se com os outros que propicia o florescimento da compaixão natural. No mundo todo – de famílias conturbadas e burocracias disfuncio-

---

* Ao longo do livro, a abreviação CNV será utilizada para se referir à Comunicação Não Violenta.

> Para a maioria de nós, o processo de construir uma mudança pacífica começa com a reformulação de nossa programação mental.

nais a países devastados pela guerra – não encontrei um meio mais eficaz de resolver conflitos pacificamente. A linguagem da paz, através da CNV, oferece a possibilidade de reduzir e até mesmo eliminar a chance de ocorrer um conflito.

Para a maioria de nós, o processo de construir uma mudança pacífica começa com a reformulação de nossa programação mental, da maneira como enxergamos a nós mesmos e aos outros, da forma como atendemos às nossas necessidades. Essa tarefa básica é, em muitos aspectos, a mais desafiadora da linguagem da paz porque requer muita franqueza e abertura, demanda desenvolver uma linguagem específica e mudar um aprendizado profundamente arraigado, focado em julgamento, medo, obrigação, dever, punição, recompensa e vergonha. Pode ser difícil, mas os resultados valem o esforço.

A Parte I deste livro foca a estrutura do processo da CNV ao fazer duas perguntas básicas, cujas respostas não apenas constituem um panorama excelente da CNV, mas também mostram a diferença entre a CNV e o entendimento habitual do modo como devem ser resolvidas as desavenças. Para aplicar a CNV em nossa vida, relacionamentos e em esforços mais amplos de resolução pacífica de conflitos, é muito provável que seja necessário modificar a nossa forma de ver o mundo e de interagir com ele.

Por exemplo, um conceito básico da CNV – de que tudo o que fazemos é para atender às nossas necessidades – não tem ressonância no pensamento convencional. Quando adotamos esse

> Tudo o que fazemos é para atender às nossas necessidades.

conceito para compreender os outros, percebemos que não temos inimigos e que o que os outros nos fazem decorre do que julgam ser a melhor forma possível de atender às necessidades deles. Podemos ajudá-los a encontrar escolhas mais eficazes e menos danosas, mas sem culpá-los, envergonhá-los ou odiá-los por não serem o que gostaríamos que fossem. Ao invés de ficar impotente ou de subjugar os outros para que nossas necessidades sejam atendidas, a CNV adota a tática do "poder com".

A Parte II deste livro trata das mudanças que ocorrem nos níveis intrapessoal, interpessoal e sistêmico quando estamos motivados a enriquecer a vida.

A Parte III ajuda a utilizar a linguagem da paz por meio de feedbacks mais avançados no tocante à aplicação da CNV no processo de mudança social. É recomendável que nos associemos a pessoas que tenham valores similares para discutir as maneiras de realizar isso, e compartilhar ideias sobre como fazer que nossas necessidades sejam atendidas quando houver resistência a esses esforços.

Além do que poderíamos chamar de mudança "política", também trataremos da aplicação da CNV em outras áreas da sociedade, tais como ambientes de trabalho e de ensino. Não é mera coincidência a CNV ser concebida de tal forma que o processo básico de conexão com os outros – fazer observações objetivas, expressar e receber sentimentos e necessidades, elaborar pedidos claros – se mostre eficaz independentemente da área em que desejemos promover mudança social.

ORIGENS DA COMUNICAÇÃO NÃO VIOLENTA

> *Oponho-me à violência porque quando ela parece fazer o bem, o bem é apenas temporário; o mal que faz é permanente.*
>
> M. K. Gandhi

Comecei a procurar novas formas de comunicação devido a alguns questionamentos que me acompanhavam desde a infância. Minha família se mudou para Detroit, Michigan, pouco antes dos distúrbios raciais de 1943. No nosso bairro, trinta pessoas foram assassinadas em aproximadamente quatro dias. Tivemos que ficar em casa nesses quatro dias; não **podíamos** sair. Essa experiência me marcou muito. Foi uma lição dolorosa, mas me conscientizou de que este é um mundo onde as pessoas podem querer nos agredir por causa da cor de nossa pele.

> O que leva uma pessoa a querer maltratar alguém?

No primeiro dia de aula, descobri que meu sobrenome poderia motivar as pessoas a me agredirem. Então, eu matutava repetidamente: O que faz com que as pessoas queiram maltratar alguém por causa de seu sobrenome, religião, origem ou cor?

Felizmente, também tive contato com o outro lado do ser humano: todas as noites, meu tio vinha à nossa casa para ajudar minha mãe nos cuidados com minha avó que era paraplégica. Enquanto a limpava e alimentava, ele mantinha um lindo sorriso nos lábios.

Então, ao longo de minha infância, eu indagava: Por que há pessoas como meu tio que parecem gostar de contribuir para o bem-estar de alguém, ao mesmo tempo em que outros seres humanos praticam violência contra o semelhante? Quando chegou o momento de decidir que tipo de carreira me agradaria seguir, pensei em estudar essas questões cruciais.

Inicialmente, escolhi psicologia clínica para investigar tudo o que estivesse relacionado a essas questões. Cheguei até a concluir um doutorado, mas os ensinamentos não responderam de maneira satisfatória às minhas indagações. Estava mais interessado em aprender como fomos talhados para viver e o que afasta as pessoas de suas tendências violentas. Estudei por conta própria, depois da faculdade, com o intuito de tentar descobrir por que pessoas como meu tio apreciam colaborar para o bem-estar alheio e por que outras parecem gostar de fazer os outros sofrer.

Compartilharei aqui minhas conclusões a partir de diferentes frentes de estudo. A principal foi estudar as pessoas que eu realmente admirava para entender o que tinham de diferente. Por que elas apreciavam contribuir para o bem-estar dos outros, mesmo quando estavam envolvidas em conflitos ou em situações em que as pessoas estivessem se comportando de maneira destrutiva.

Conversei com elas, as observei e assimilei o que pude a respeito do que tinham aprendido. Investiguei o que as ajudava a conservar aquilo que eu realmente acredito ser nossa natureza: o desejo de contribuir para o bem-estar comum.

> *Nossa natureza: contribuir para o bem-estar comum.*

Fiz um estudo comparativo de religiões para ver se poderia aprender algo com as práticas religiosas básicas. Parece haver um consenso entre tais religiões sobre como devemos viver. Uma pesquisa específica – a de Carl Rogers sobre as características dos relacionamentos terapêuticos – também me ajudou muito.

A partir dessas fontes, concebi um processo baseado no meu desejo de como gostaria que os seres humanos se comportassem. Ao explicar o **propósito** do processo que pesquisei, seu mecanismo ficará mais claro. Isso porque a CNV é, na realidade, a integração de uma certa espiritualidade com ferramentas concretas que possibilitam a manifestação dessa espiritualidade no nosso dia a dia, em nossos relacionamentos e atividades políticas. Assim, gostaria de começar esclarecendo qual consciência espiritual eu desejava servir ao buscar as habilidades que abordarei mais adiante.

O PROPÓSITO DA COMUNICAÇÃO NÃO VIOLENTA

Ensine esta verdade tríplice a todos: um coração generoso, uma fala gentil e uma vida de serviço e compaixão são as coisas que renovam a humanidade.

O Buda

A espiritualidade incorporada à CNV não tem o propósito estrito de conectar as pessoas com o divino, mas provém da energia divina da qual somos constituídos, nossa energia natural de servir à vida. É um processo vivo que nos mantém conectados à nossa vida interior e à vida que os outros manifestam.

Milton Rokeach, um psicólogo pesquisador da Michigan State University, estudou oito das religiões mais difundidas para avaliar se, em alguma delas, os praticantes muito devotados eram mais compassivos que os outros. Ele descobriu que, em se tratando de compaixão, todas eram equivalentes.

Então, comparou esses praticantes a pessoas sem afiliação religiosa – e as não afiliadas eram muito mais compassivas! Contudo, advertiu ser necessário interpretar esses achados com cuidado porque em cada religião há duas populações nitidamente diferentes. Havia uma minoria (acredito que era em torno de 12%) dentro do grupo de praticantes que era muito mais compassiva do que o grupo dos que não frequentavam as igrejas.

Por exemplo, eu estava trabalhando em uma cidade na Palestina e, ao final da sessão, um jovem dirigiu-se a mim:

— Marshall, gostei muito de seu treinamento, mas não há nada de novo nele; não tome isso como uma crítica: ele é tão somente o islamismo aplicado na prática.

Ele me viu sorrir e perguntou:

— Por que está sorrindo?

— Ontem em Jerusalém um rabino ortodoxo me disse que era o judaísmo aplicado na prática. E o dirigente de nosso projeto no Sri Lanka é um padre jesuíta que acredita ser o cristianismo.

Portanto, a espiritualidade daquela minoria de cada religião é bem semelhante à que a CNV almeja servir.

> *A CNV é uma combinação de pensamento e linguagem.*

A CNV é uma combinação de pensamento e linguagem, bem como um meio de usar o poder com o intuito de atender a uma intenção específica. Esse intuito é o de criar uma qualidade de conexão consigo e com os outros que favoreça ações compassivas. Nesse sentido, é uma prática espiritual: todas as ações decorrem unicamente do propósito de desejar contribuir para o próprio bem-estar e o dos outros.

O propósito primordial da CNV é criar uma conexão em que o ato de dar ocorra de forma compassiva. Compassiva no sentido de que nossa doação venha do coração. Estamos servindo aos outros e a nós mesmos – não por dever ou por obrigação, não por medo de punição ou desejo de recompensa, não por culpa ou vergonha, mas pelo que considero ser parte da natureza humana. Faz parte da nossa natureza sentir prazer no ato de dar uns aos outros. A CNV ajuda a nos conectar uns com os outros ao permitir que nossa natureza se manifeste no modo como contribuímos.

Quando algumas pessoas ouvem que acredito ser da nossa natureza o prazer em dar, estou certo de que elas questionam quão ingênuo ou alheio sou em relação à violência existente no mundo. Como é possível acreditar, diante de tudo que está acontecendo no mundo, que faz parte da nossa natureza ter prazer em dar compassivamente? Acreditem, eu vejo a violência. Trabalho em lugares como Ruanda, Israel, Palestina e Sri Lanka.

Mesmo sabendo de toda a violência, não acredito que seja essa a nossa natureza. Em todos os lugares em que trabalho, peço às pessoas que pensem em algo que fizeram nas últimas vinte e quatro horas que tenha contribuído, de alguma forma, para tornar a vida de alguém mais maravilhosa. Depois de pensarem por um momento, pergunto: "Como você se sente quando percebe que seu ato contribuiu para fazer com que a vida de alguém ficasse mais maravilhosa?" Todos sorriem. É universal, a maioria das pessoas gosta de oferecer algo aos outros.

Quando percebemos nosso poder de enriquecer a vida, que podemos servi-la, nos sentimos bem. Frequentemente continuo minha fala com a seguinte indagação: "Alguém consegue pensar em algo mais gratificante na vida do que empregar esforços dessa maneira?" Já fiz essa pergunta por todo o planeta e todos parecem concordar. Não há nada melhor, que nos faça **sentir** melhor, nada mais prazeroso que usar nossos esforços para servir à vida, contribuindo para o bem-estar comum.

> *Nada é mais prazeroso que usar nossos esforços para servir à vida.*

Então, se é assim, por que há violência? Acho que **a violência existe por causa da forma como fomos educados, e não devido à nossa natureza**. Concordo com o teólogo Walter Wink: ele acredita que desde os primórdios da civilização – há pelo menos oito mil anos – o modo como estamos sendo educados faz com que a violência seja prazerosa.

Esse tipo de educação nos desconecta de nossa natureza compassiva.

E por que fomos educados dessa forma? Essa é uma longa história. Não vou tratar disso aqui, apenas direi que isso começou há muito tempo com mitos sobre a natureza humana que qualificavam os seres humanos basicamente como malvados e egoístas – e que definiam a vida boa como aquela em que forças heroicas destroem forças do mal. Estamos vivendo sob a influência desse mito destrutivo há muito tempo, e ele se completa com uma linguagem que desumaniza as pessoas e as transforma em objetos.

Aprendemos a pensar sobre os outros com base em julgamentos moralizadores. Em nossa consciência temos palavras como certo, errado, bom, mau, egoísta, altruísta, terroristas, libertários. E associado a esses julgamentos há um conceito de justiça baseado no que "merecemos". Se fizermos o mal, merecemos ser punidos. Se fizermos o bem, merecemos ser recompensados.

Infelizmente, estamos sendo submetidos a essa visão, a essa educação distorcida, há muito, muito tempo. Acredito ser esse o cerne da violência em nosso planeta.

> A CNV nos aproxima de nossa natureza.

Em contrapartida, a CNV é uma integração de pensamento, linguagem e comunicação que nos aproxima de nossa natureza. Ajuda a nos conectar uns com os outros e assim retornar a um modo de viver verdadeiramente prazeroso, que é o de contribuir com o bem-estar comum. Ao mostrar como aplicar esse processo internamente, em nossos relacionamentos e em nossos esforços para promover mudança social, proporei exercícios que ajudam a incorporar os conceitos aprendidos – e até mesmo a aplicá-los ao longo do aprendizado.

Por exemplo, para começar, pense em uma situação recente em que alguém se comportou de maneira que não contribuiu para tornar sua vida maravilhosa. Isso pode variar de uma leve irritação que essa pessoa suscitou em você a um comportamento mais grave que o está incomodando. Mas escolha uma situação real, para que eu lhe mostre como a CNV pode ajudá-lo a criar uma conexão em que as necessidades de todos serão atendidas, na qual as pessoas envolvidas agem unicamente a partir do propósito de enriquecer a vida do outro, o que certamente inclui a satisfação de nossas próprias necessidades. Se você já se lembrou de algo, vamos ver como a CNV nos pode ajudar.

Onde quer que eu esteja dando um workshop, há sempre um pai que deseja lidar com o filho de dois ou três anos de idade. E qual é o comportamento dessa criança que o incomoda? Ela faz coisas terríveis como dizer "não" quando lhe pedem para fazer algo.

— Por favor, guarde seus brinquedos na caixa.
— Não.

Algumas pessoas me contam que seus parceiros dizem coisas horrorosas como "Você me magoa quando faz isso".

Outras pessoas me apresentam situações bem mais sérias para ver como a CNV pode ser aplicada. Em lugares como Ruanda, me perguntam: "Como lido com meu vizinho, sabendo que ele matou uma pessoa de minha família?"

EXERCÍCIO

Para ter uma noção prática do processo da CNV, sugiro que faça os exercícios propostos ao longo deste livro. Cada exercício dá continuidade ao que foi proposto anteriormente. Para tirar proveito dessa experiência, pense em uma interação com alguém que não transcorreu da forma que você teria gostado e que lhe desperta o desejo de aprender a falar a linguagem da paz.

Depois de resgatar uma situação, seja ela de maior ou menor importância, escreva ou guarde na memória o que essa pessoa fez que tornou sua vida menos maravilhosa. Pode ser algo que ela fez, ou deixou de fazer, ou disse, ou deixou de dizer. Esse fato servirá de referência conforme a leitura for explicando, em linhas gerais, como utilizar a CNV com essa pessoa.

PARTE I

*O agente de crescimento e de transformação mais poderoso
é algo muito mais simples que qualquer técnica:
é a mudança de intenção.*

John Welwood

O PROCESSO DA LINGUAGEM DA PAZ

Capítulo 1
As duas perguntas

Não se pergunte o que o mundo precisa. Pergunte-se o que faz você se sentir vivo, e vá fazer isso, porque o que o mundo precisa é de pessoas que se sintam vivas.

Dr. Howard Thurman

A CNV nos faz focar duas perguntas essenciais.

Primeira pergunta: O que está vivo em nós? (Perguntas análogas: O que está vivo em mim? O que está vivo em você?) No mundo inteiro, essa é a pergunta que as pessoas se fazem quando se encontram. Não usam, necessariamente, essas palavras. Em inglês geralmente a formulam assim: "How are you?" [Como você está?]. Cada idioma tem sua forma de fazer essa pergunta, mas, independentemente de como é feita, ela é muito importante.

Dizemos que é um rito social, mas é uma pergunta muito importante porque, se queremos viver em paz e harmonia, se apreciamos contribuir para o bem-estar mútuo, precisamos saber o que está vivo em cada um de nós. Infelizmente, apesar de fazermos essa pergunta, poucas pessoas a respondem direito, porque não fomos educados a falar a linguagem da vida.

Não nos ensinaram a responder a essa pergunta. Sabemos fazê-la, mas não sabemos respondê-la. A CNV, como veremos, propõe uma forma de expressar o que está vivo em nós.

> A CNV ensina a se conectar com o que está vivo.

Ajuda a se conectar com o que está vivo nos outros, mesmo se não tiverem as palavras para se exprimirem. Então, essa é a primeira pergunta que a CNV focaliza.

A segunda pergunta – que está ligada à primeira – é: o que podemos fazer para tornar a vida mais maravilhosa? (Perguntas análogas: O que você pode fazer para tornar minha vida mais maravilhosa? O que posso fazer para tornar a sua vida mais maravilhosa?) Então estas duas questões são a base da CNV: O que está vivo em nós? O que podemos fazer para tornar a vida mais maravilhosa?

Quase todos os que estudam a CNV fazem dois comentários. Primeiro comentam quão fácil e simples ela é. Tudo que devemos fazer é manter a nossa comunicação, nossa atenção, nossa consciência no que está vivo dentro de nós, o que faria nossa vida mais maravilhosa. Simples assim. Depois comentam quão difícil ela é.

Como pode, ao mesmo tempo, ser tão fácil e tão difícil? Já dei uma pista para encontrar a resposta. É difícil porque fomos programados a pensar e a nos comunicar de um jeito bem diferente. Não nos ensinaram a pensar no que está vivo em nós.

Portanto, se fomos educados a nos adequar a estruturas em que umas poucas pessoas dominam as demais, aprendemos a dar mais importância ao que essas pessoas (especialmente as figuras de autoridade) pensam de nós. Isso porque se elas nos julgam malvados, incompetentes, burros, preguiçosos ou egoístas, seremos castigados. E se nos rotulam de bonzinhos, bons alunos ou bons funcionários, poderemos ser recompensados. Fomos educados a pensar com base em recompensas e punições em vez de pensar no que está vivo em nós e no que tornaria a nossa vida mais maravilhosa.

> Fomos educados a pensar com base em recompensas e punições.

Retomemos aquela situação em que alguém se comportou de uma maneira que você não gostou. Vamos ver como a CNV propõe que você diga a essa pessoa o que está vivo em você quando ela age daquela forma. Na CNV somos sinceros, mas sem usar palavras que impliquem erro, crítica, insulto, julgamento ou diagnóstico psicológico.

Capítulo 2
Como podemos expressar o que está vivo em nós?

OBSERVAÇÕES

> *Pode-se observar muito, apenas olhando.*
>
> Yogi Berra

Para expressar o que está vivo em nós precisamos ter conhecimentos específicos. Primeiramente é necessário ser capaz de responder à pergunta que fiz, sem incluir julgamentos. Pedi que pensasse em uma coisa específica que alguém fez e que você não gostou. A isso eu chamo **observação**. O que os outros fazem que nos agrada ou nos desagrada?

Esta é uma informação importante na comunicação. Para dizer às pessoas o que está vivo em nós, precisamos conseguir dizer-lhes o que estão fazendo para apoiar a vida em nós, bem como o que não a está apoiando. Mas é muito importante aprender a expressar isso livre de qualquer avaliação.

Por exemplo, trabalhei recentemente com uma senhora que estava preocupada com algo que sua filha adolescente não havia feito. Então perguntei:

— O que sua filha não fez?

— Ela é preguiçosa – respondeu-me.

É possível ver a diferença entre a pergunta que fiz e a resposta dela? Perguntei o que a filha **fazia** e ela expressou o que achava que a filha **era**. Mostrei-lhe que rotular as pessoas – diagnosticando-as de preguiçosas – induz a profecias autorrealizáveis.

Quaisquer palavras que impliquem uma avaliação negativa dos outros são expressões trágicas, um suicídio do que está vivo em nós. São trágicas e suicidas porque não levam as pessoas a terem prazer em contribuir para nosso bem-estar. Elas provocam defesa ou contra-ataque.

> *Diagnosticar pessoas induz a profecias autorrealizáveis.*

Logo que aprendi essa lição, fiquei espantado ao perceber como estava tomado por julgamentos moralistas. Ao longo de minha formação, ensinaram-me a pensar dessa forma. Como mencionei, isso decorre da teoria que nos foi imposta, de que seres humanos são basicamente egoístas e malvados. Partindo desse pressuposto, o processo educacional prevalente faz com que as pessoas se odeiem por seus atos – ou seja, presume que se lhes mostrarmos quão terríveis são, elas irão se penitenciar e modificar suas atitudes!

Essa foi a linguagem que me foi ensinada, em Detroit, onde cresci. No trânsito, se alguém estivesse dirigindo de modo que me desagradasse, para educá-lo eu baixava o vidro e gritava: "Idiota!" Teoricamente, ele deveria se sentir culpado e arrependido, e dizer: "Desculpe. Vejo que estava equivocado, reconheço meus erros".

Essa é uma teoria e tanto, porém nunca funcionou. Achei que talvez fosse devido ao dialeto particular que tinha aprendido em Detroit. Então, quando obtive meu doutorado em Psicologia, aprendi a insultar as pessoas de modo muito mais elaborado. Agora, quando estou dirigindo e alguém faz algo que me desagrada, baixo o vidro e grito: "Sociopata!" Porém, ainda assim, não funciona.

Dizer aos outros o que há de errado com eles é suicida e trágico – e, além do mais, é ineficiente. Não devemos deixar que os julgamentos interfiram quando estamos explicando a alguém o que nos desagradou em sua atitude. Devemos tratar diretamente do comportamento, sem agregar julgamentos.

Trabalhei com professores que tinham um conflito com o administrador da escola. Perguntei-lhes:

— O que ele faz que desagrada vocês?

— Ele parece uma matraca – disse um deles.

— Não – expliquei. — Não perguntei com o que ele se parecia. Perguntei o que ele faz.

— Sei o que ele está querendo dizer. Ele fala demais – disse outro.

— Veja, "demais" é um diagnóstico.

— Bem, ele pensa que é o único inteligente por aqui – afirmou outro.

— Contar para mim o que você acha que ele pensa é uma avaliação. O que ele **faz**?

Com minha ajuda, eles finalmente aprenderam a definir comportamentos sem acrescentar diagnósticos, mas ao longo do processo repetiam:

> *Defina comportamentos sem acrescentar diagnósticos.*

— Como é difícil fazer isso! Tudo o que nos vem à mente é um diagnóstico ou um julgamento.

— Sim, não é fácil remover isso do nosso consciente – disse a eles.

De fato, o filósofo indiano Jiddu Krishnamurti diz que a forma mais elevada da inteligência humana é a capacidade de observar sem julgar.

Os professores finalmente identificaram alguns comportamentos. O primeiro da lista era este: durante as reuniões, independentemente da pauta, o administrador a relacionava com uma de suas vivências da guerra ou da infância. Isso fazia com que as reuniões durassem mais do que o programado. Essa sim era a resposta para a pergunta sobre o que ele fazia. Era uma observação clara, livre de qualquer avaliação.

— Vocês chegaram a conversar com ele sobre como esse comportamento específico os está afetando?

— Bem, agora vejo que falamos com ele passando um julgamento e não chegamos a mencionar o comportamento específico. Não admira ele ter ficado defensivo – respondeu um deles.

Então, este é o primeiro passo para tentar dizer a alguém o que está vivo em nós. É a habilidade de expressar – concreta e especificamente – o que nos agrada ou desagrada em suas atitudes, sem acrescentar avaliações.

> **EXERCÍCIO**
> *Dê uma olhada no que você escreveu. Veja se contém alguma avaliação. Nesse caso, reformule seu registro, descrevendo, de forma específica, apenas a atitude que o leva a conversar com a pessoa. Depois de observar, se formos usar a CNV, devemos ser sinceros a esse respeito. Mas é uma sinceridade diferente daquela em que dizemos para as pessoas o que há de errado com elas. É a sinceridade vinda do coração, não a que denota erro.*

SENTIMENTOS

> *Nossos sentimentos são o caminho mais genuíno para o conhecimento.*
>
> Audre Lorde

Devemos olhar para dentro de nós mesmos e dizer às pessoas o que está vivo em nós quando elas fazem o que fazem. Isso envolve dois outros tipos de conhecimento: o dos sentimentos e o das necessidades. Para dizer claramente o que está vivo em nós em dado momento, precisamos ter clareza do que sentimos e do que necessitamos. Vamos começar pelos sentimentos.

Imagine que nos dirigimos a uma pessoa e queremos ser sinceros com ela. Vamos começar dizendo a ela como nos sentimos. Escreva como se sente quando a pessoa tem o comportamento que você observou. Que emoções surgem quando ela se comporta assim?

Um aluno da universidade com quem trabalhei queria praticar com seu colega de quarto. Perguntei-lhe:

— Que comportamento do seu colega o desagrada?

— Ele liga o rádio tarde da noite, quando estou tentando dormir.

— Certo, então agora vamos dizer a ele como você se sente. Como você se sente quando ele faz isso?

— Sinto que está errado.

— Acho que não fui claro em relação ao que quero dizer com sentimentos. "Está errado" é o que eu chamaria de um julgamento em relação a outra pessoa. Estou perguntando como você se sente.

— Mas, eu disse "Eu **sinto**".

— Sim, você usou o verbo **sentir**, contudo, isso não significa que o que segue é necessariamente um sentimento. Que emoções você sente? Como você se sente?

Ele pensou por um momento, e disse:

— Acho que quando uma pessoa é tão insensível com os outros, isso evidencia um distúrbio de personalidade.

— Vamos com calma. Você ainda está na sua cabeça, analisando o erro dele. Estou pedindo que vá ao seu coração. Conte-me como você se sente quando ele faz aquilo.

Ele estava tentando sinceramente se conectar com seus sentimentos, porém disse:

— Não tenho sentimentos relacionados a isso.

— Espero que isso não seja verdade.

Ele me perguntou por quê.

— Porque você estaria morto.

Temos sentimentos a todo momento. O problema é que não nos ensinaram a ter consciência do que está vivo em nós. Nossa consciência foi direcionada a nos fazer olhar para fora e ver o que alguma autoridade pensa a nosso respeito.

Complementei:

— Apenas ouça seu corpo por um instante. Como você se sente quando ele ouve rádio tão tarde da noite?

Ele realmente olhou para dentro de si, e então pareceu ter compreendido e disse:

— Acho que agora entendi.

— Como você se sente?

— "P" da vida.

— Isso mesmo, pronto. Há outras formas de expressar isso, mas tudo bem.

Aí notei que a senhora sentada ao lado dele, esposa de um membro do corpo docente, parecia um pouco perplexa. Ela olhou para ele e perguntou:

— Você quer dizer, "incomodado"?

> É importante ter um vocabulário para designar sentimentos.

Há diferentes formas de expressar nossos sentimentos, dependendo da cultura em que fomos criados, mas é importante ter um vocabulário para designar sentimentos que realmente descreva com precisão o que está vivo em nós, e que não seja uma interpretação do que os outros fizeram.

Isso significa que não devemos usar expressões como "sinto-me incompreendido". Isso, na realidade, não é um sentimento; é mais a nossa análise sobre se a outra pessoa nos compreendeu ou não. Se achamos que alguém não nos compreendeu, podemos ficar bravos ou frustrados; podemos sentir muitas coisas diferentes. Da mesma forma, não deveríamos usar frases como "sinto-me manipulado" ou "sinto-me criticado".

Em nosso treinamento, isso não é o que chamaríamos de sentimento. Infelizmente, muito poucas pessoas têm um bom vocabulário de sentimentos, e, frequentemente, percebo o custo disso. Há uma lista extensa de sentimentos no capítulo "Identificando e expressando sentimentos" no meu livro *Comunicação Não Violenta*.

Com frequência as pessoas me abordam com uma conversa parecida com a desta senhora: "Sabe, Marshall, não quero passar uma impressão errada. Eu tenho um marido maravilhoso ..." – tenho certeza que dá para adivinhar qual é a próxima palavra – "**mas** eu nunca sei como ele está se sentindo".

Muita gente me diz isso. As pessoas comentam que convivem com seus pais há anos e nunca chegam a saber realmente o que eles sentem. Que triste conviver com pessoas e não ter acesso ao que está vivo nelas! Então, dê uma olhada no que escreveu. É realmente uma expressão do que está vivo em você, dos seus sentimentos? Certifique-se de que não é um diagnóstico sobre os outros – ou pensamentos sobre o que eles são. Dirija-se ao coração. Como se sente quando a outra pessoa faz o que faz?

Sentimentos podem ser usados de uma forma destrutiva se insinuarmos que os comportamentos das outras pessoas são a causa de nossos sentimentos. A causa de nossos sentimentos são nossas necessidades e não o comportamento dos outros. A observação que você escreveu, sobre o que a outra pessoa fez, é o **estímulo** para os seus sentimentos, não a **causa** deles. Tenho certeza que a maioria de nós já pôde constatar isso no passado.

> *A causa de nossos sentimentos não é o comportamento dos outros.*

Quando eu tinha seis anos e alguém nos insultava lá no meu bairro, costumávamos entoar: "Paus e pedras podem quebrar meus ossos, mas palavras não me atingem". Já sabíamos, naquela época, que não é o que os outros fazem que nos atinge; é como reagimos.

Desafortunadamente, fomos educados em um sistema de indução de culpa em que as autoridades – professores, genitores etc. – usavam da culpa para nos induzir a fazer o que queriam. Eles podem ter expressado seus sentimentos da seguinte maneira:

"Fico magoado quando você não arruma seu quarto."

"Você me deixa bravo quando bate no seu irmão."

Fomos educados por pessoas que tentavam nos fazer sentir responsáveis por seus sentimentos para que nos sentíssemos culpados. Sim, sentimentos são importantes, mas não devemos usá-los de maneira a suscitar culpa. É muito importante que, ao expressar nossos sentimentos, fique claro que a causa deles são nossas necessidades.

> **EXERCÍCIO**
>
> *Escreva o seguinte em relação ao que a outra pessoa fez. Identifique como você se sentiu a respeito do que aconteceu e escreva desta forma: "Quando você fez o que fez, eu me senti _____".*
> *Expresse como você se sentiu quando a outra pessoa se comportou daquela maneira.*

NECESSIDADES

> *Entender as necessidades humanas é meio caminho para atendê-las.*
>
> Adlai Stevenson

Vejamos o terceiro componente para expressar o que está vivo em nós: necessidades. Assim como é difícil para muitas pessoas observar sem julgamento e adquirir um vocabulário de sentimentos, também é muito difícil desenvolver um repertório de necessidades. Muitas pessoas associam necessidades a algo negativo, como ser carente, dependente ou egoísta.

Novamente, creio que isso vem do nosso histórico de ensinar as pessoas a se encaixarem bem nas estruturas de dominação, de forma a serem obedientes e submissas às autoridades. Falarei mais sobre estruturas de dominação em outro momento, mas por ora pensemos apenas nelas como um controle organizado sobre os outros. A maioria dos governos, escolas, empresas – e até mesmo famílias – operam como estruturas de dominação.

O problema das pessoas que estão conectadas com suas necessidades é que elas não são boas escravas. Fui à escola durante 21 anos e não me lembro de alguma vez terem me perguntado quais eram minhas necessidades. O foco da minha educação não era me ajudar a ser mais vivo, mais conectado comigo mesmo e com os outros. A orientação era me recompensarem por dar respostas corretas, assim definidas pelas autoridades.

> *O problema das pessoas que estão conectadas com suas necessidades é que elas não são boas escravas.*

Dê uma olhada nas palavras que está utilizando para descrever suas necessidades. O principal é não confundir necessidades com o passo seguinte.

Há pouco, em um workshop que ministrei, uma senhora estava incomodada com o fato de a filha não estar arrumando o quarto. Perguntei-lhe:

— Que necessidades suas não estão sendo atendidas nessa situação?

— Bem, é óbvio. Eu preciso que ela arrume o quarto – disse ela.

— Não, – eu disse – isso virá a seguir. Isso é um pedido. Estou perguntando que necessidades você tem.

Nada lhe veio à mente. Ela não sabia olhar para seu interior e ver quais eram suas necessidades. De novo, ela tinha uma linguagem voltada a diagnosticar o que havia de errado com sua filha: era preguiçosa. Sabia dizer o que desejava que a filha fizesse, mas não conseguia identificar suas próprias necessidades. E isso é lamentável, porque as pessoas se sentem estimuladas a desfrutar a alegria de contribuir quando enxergam as necessidades do outro – porque todos nos identificamos com necessidades. Todos os seres humanos têm as mesmas necessidades básicas.

Quando nos conectamos no nível das necessidades, é incrível como conflitos que parecem insolúveis começam a se tornar solúveis. Enxergamos a humanidade mútua no nível das necessidades. Eu trabalho muito com pessoas em conflito. Casais, pais e filhos, diferentes tribos. Muitas dessas pessoas pensam ter um conflito insolúvel.

> Enxergamos a humanidade mútua no nível das necessidades.

Tem sido incrível para mim, ao longo dos anos em que trabalhei com resolução de conflitos e mediação, quando consigo fazer com que as pessoas superem os diagnósticos recíprocos e se conectem, no nível das necessidades, com o que está acontecendo dentro do outro. Quando isso acontece, parece que os conflitos se autorresolvem.

Até agora, elencamos as três informações necessárias para dizer o que está vivo em nós: o que estamos observando, o que estamos sentindo, e que necessidades estão conectadas aos nossos sentimentos. (Há uma lista de sentimentos e necessidades ao final deste livro.)

EXERCÍCIO

Por favor escreva o seguinte em relação ao que a pessoa fez e como você se sentiu a respeito disso. Identifique quais necessidades estavam gerando seus sentimentos e escreva desta forma: "Eu me senti assim porque precisava de _____". Informe a necessidade que não foi atendida devido ao comportamento em questão.

Capítulo 3

Como podemos tornar a vida mais maravilhosa?

PEDIDOS

> *Para receber, é preciso pedir. Não vá até o oceano com uma colherzinha de chá. Leve, no mínimo, um balde para que as crianças não zombem de você.*
>
> Jim Rohn

Agora vamos tratar de outra questão básica: o que pode ser feito para tornar a vida mais maravilhosa? Você escreveu como se sente em relação ao comportamento que o desagradou. Também registrou as necessidades que não estavam sendo atendidas. Para tornar a vida mais maravilhosa, é necessário fazer um pedido claro e específico à pessoa que teve o comportamento em questão.

> Faça seu pedido usando uma linguagem de ação positiva.

A CNV propõe que o pedido seja formulado em uma linguagem de ação positiva. Positiva no sentido de expressar o que desejamos que a outra pessoa **faça**, em oposição a dizer o que ela **não deve fazer** ou o que **deve parar de fazer**. Você precisa solicitar uma ação que envolva **fazer** algo. As pessoas reagem de um jeito diferente quando lhes pedimos claramente o que desejamos, em vez de expressarmos o que não queremos que façam.

Recentemente, uma professora em um workshop nos deu um bom exemplo disso. Ela disse: "Ah, Marshall, você me ajudou a entender o que aconteceu comigo ontem. Havia um aluno tamborilando sobre um livro enquanto eu lecionava. Então lhe pedi que parasse de tamborilar no livro. Aí ele passou a tamborilar na carteira".

Através desse exemplo vemos que dizer às pessoas o que não queremos é bem diferente de dizer-lhes, especificamente, o que queremos.

Quando nosso objetivo é fazer com que alguém pare de fazer algo, a punição parece ser uma estratégia eficaz. Porém, se fizéssemos duas perguntas a nós mesmos, jamais usaríamos essa estratégia novamente. Não a utilizaríamos com crianças e fundaríamos um judiciário (sistema correcional) que não puniria os criminosos por suas ações. Não tentaríamos punir outras nações pelo que estão fazendo conosco. A punição é um jogo onde só há perdedores. Podemos verificar isso ao responder às seguintes perguntas.

Pergunta número um: o que desejamos que nosso interlocutor faça? Observe que não estamos dizendo o que **não** queremos que ele faça. Se fizermos somente essa pergunta, a punição ainda pode parecer eficaz. Provavelmente podemos nos lembrar de ocasiões em que usamos a punição e conseguimos fazer com que as pessoas fizessem o que lhe pedimos. Contudo, se acrescentarmos uma segunda pergunta, a punição nunca funciona.

> A punição é um jogo em que todos perdem.

E qual seria a segunda pergunta? Com que motivação queremos que a pessoa faça o que lhe pedimos? Como mencionei, o propósito da CNV é criar conexões que levem as pessoas a agir motivadas pela compaixão – não por receio de serem punidas, ou pela promessa de serem recompensadas, mas pelo prazer natural que sentimos quando contribuímos para o nosso bem-estar e o dos outros.

Dessa forma, quando formulamos nosso pedido, devemos fazê-lo de forma positiva, dizendo especificamente o que desejamos. No exemplo da mãe que desejava que sua filha arrumasse o quarto, eu lhe disse que isso não era uma necessidade, nem tampouco um pedido claro. Complementei:

— Vamos primeiramente apurar as necessidades para então fazermos um pedido mais claro. Qual necessidade sua não está sendo atendida quando sua filha deixa o quarto nesse estado?

— Bem, acho que para um membro da família ser considerado como tal, deve fazer a sua parte – respondeu a mãe.

— Espere um pouco – eu lhe disse. — Dizer o que você acha é uma expressão distorcida de uma necessidade. Se você quer que sua filha veja a beleza de seu pedido, ela precisa entender como a vida ficará mais maravilhosa se atender a ele. Então, qual é sua necessidade? Que necessidade não está atendida?

— Não sei.

Não fiquei surpreso ao ouvir essa resposta porque já trabalhei com muitas mulheres que aprenderam, desde pequenas, que mulheres amorosas não têm necessidades. Elas sacrificam suas necessidades pela família.

> *Desenvolva seu vocabulário de necessidades.*

Da mesma forma, rapazes aprendem que homens corajosos não têm necessidades. Eles até se dispõem a sacrificar suas vidas pelo rei, pelo governo, por quem quer que seja. Assim, não desenvolvemos um vocabulário muito extenso de necessidades. Como podemos fazer um pedido claro se não temos clareza sobre nossas necessidades?

Finalmente, com minha ajuda, a mãe conseguiu identificar suas necessidades – havia mais de uma envolvida. De início tinha necessidade de ordem e de beleza. Ela poderia ter chegado a essas necessidades sozinha, mas também tinha necessidade de apoio – precisava de ajuda para criar o tipo de ordem e beleza que almejava ter. A mãe percebeu que suas necessidades eram a de ordem e beleza, além da de apoio para atender a essas necessidades. Em seguida lhe sugeri:

— Certo, agora tratemos do pedido. Vamos usar uma linguagem que expresse uma ação positiva. Diga à sua filha o que você quer.

— É o que expliquei antes. Quero que arrume o quarto dela.

— Quase isso. Vamos usar uma linguagem que envolva uma ação. **Arrumar** é muito vago. Temos que fazer o pedido com uma ação concreta.

A mãe concluiu que gostaria que sua filha fizesse a cama, colocasse as roupas sujas no cesto apropriado (em lugar de deixá-las no chão) e levasse de volta à cozinha a louça que estivesse no quarto. Esse seria um pedido claro.

Depois de fazer o pedido, precisamos nos certificar de que ele não soe como uma ordem. Já falamos sobre críticas – qualquer expressão que sugira erro não ajudará a fazer com ter nossas necessidades atendidas. Outra forma de comunicação é bastante destrutiva nos relacionamentos humanos é a da **exigência**.

> **EXERCÍCIO**
>
> *Imagine que tenha dito as primeiras três coisas para a pessoa.*
>
> - *Primeiro, fez uma observação do que ocorreu, livre de avaliações.*
> - *Segundo, expressou seus sentimentos sobre o ocorrido, sem culpa ou crítica.*
> - *Terceiro, manifestou suas necessidades em relação à situação, sem fazer referência a outra pessoa ou estratégias específicas.*
>
> Agora escreva o que diria ao fazer o pedido. Formule assim: "Gostaria que você _____". O que você gostaria que a pessoa fizesse para tornar a sua vida mais maravilhosa?

PEDIDOS *VERSUS* EXIGÊNCIAS

Você tem de pedir! Pedir é, na minha opinião, o segredo mais poderoso – e negligenciado – para ter sucesso e felicidade.

Percy Ross

Devemos fazer pedidos claros e assertivos, e que soem como pedidos e não como exigências. Qual é a diferença? Primeiro, podemos notar a diferença pelo grau de gentileza transmitido. Dessa forma, se dizemos a alguém que mora conosco: "Gostaria que você pendurasse suas roupas depois de usá-las", isso é um pedido ou uma exigência?

Não dá para saber ainda. Não conseguimos saber se é um pedido ou uma exigência a partir do grau de gentileza ou clareza. O que define a diferença é a maneira como tratamos as pessoas quando não atendem ao nosso pedido. É isso que diz às pessoas se estamos fazendo um pedido ou uma exigência.

O que acontece quando as pessoas ouvem exigências? Algumas pessoas revelam de forma bem clara que ouviram um pedido como uma exigência. Uma vez perguntei ao meu caçula:

— Por favor, você poderia pendurar seu casaco no armário?

Ele respondeu:

— Quem era seu escravo antes de eu nascer?

> *E se as pessoas ouvirem seu pedido como uma exigência?*

É bastante fácil conviver com uma pessoa desse tipo. Se ela ouve seu pedido como uma exigência, você fica sabendo na hora. Contudo, outras pessoas, quando ouvem um pedido como uma exigência, reagem de maneira diversa. Podem dizer "sim", mas não fazem o que foi pedido. O pior cenário ocorre quando a pessoa ouve uma exigência, diz "sim" e atende ao pedido. Ela acata porque ouviu uma exigência e tem receio do que poderia acontecer se não obedecer.

Darei outro exemplo para ilustrar o que quero dizer com essa questão da exigência. Fui contratado como consultor em um hospital de Nova York onde queriam que os enfermeiros observassem certos procedimentos críticos de esterilização. Na realidade, o enfermeiro-chefe me informou que vidas poderiam ser perdidas se tais procedimentos não fossem seguidos: "No entanto, nossa pesquisa constatou que em dada porcentagem dos casos, eles não são realizados. Já lhes dissemos várias vezes que têm de fazer os procedimentos. Dizemos a eles que é falta de profissionalismo não os adotar".

Já tinha um palpite de por que eles não estavam sendo adotados. Logo pude confirmar minha suspeita, pois no dia seguinte me reuni com os enfermeiros. Então lhes disse:

— Ontem fui informado de que numa certa porcentagem dos casos os procedimentos de esterilização não são seguidos. Vocês sabiam disso?

— Se sabemos disso? Escutamos isso todas as semanas – respondeu um dos enfermeiros.

— Certo, portanto vocês estão cientes do que está acontecendo...

— Sim.

— Conhecem o propósito desses métodos?

— Claro. Pessoas podem morrer se não seguirmos os procedimentos de esterilização.

Então, eles sabiam o que deviam fazer. Conheciam as consequências. Portanto, a pergunta óbvia que fiz a seguir foi:

— Poderiam me ajudar a entender o que os impede de realizá-los?

A resposta foi a que recebo de todo mundo: silêncio. Finalmente um corajoso enfermeiro se manifestou:

— Ah, nós esquecemos.

É fácil esquecer as coisas que nos são impostas. E quando não as fazemos, somos criticados. Por isso, quando eu disse "vocês esquecem?", iniciou-se uma discussão sobre a raiva que sentiam pela forma como esse assunto era apresentado.

Quanto mais importante é o resultado desejado – quando há padrões de produção a seguir ou, neste caso, a preservação de vidas humanas – tanto mais importante é não fazer exigências. Faça pedidos claros que sejam entendidos como pedidos. Para que as pessoas acreditem que se trata de um pedido precisam saber que podem discordar e ser compreendidas em sua discordância.

> *Faça pedidos claros que sejam entendidos como pedidos.*

Sendo assim, temos que mostrar aos dirigentes, aos enfermeiros-chefes, a quem quer que seja, como fazer pedidos claros, e ser empáticos com discordâncias para que as pessoas se sintam seguras ao discordar. Quando conseguimos isso, todos os acordos passam a ser respeitados. Esse é o grande ensinamento que transmitimos no mundo corporativo, em escolas e, obviamente, aos pais.

Todas as vezes que alguém atende a um pedido motivado por culpa, vergonha, dever, obrigação ou medo de punição, haverá um preço a pagar. Devemos querer que as pessoas atendam aos nossos pedidos somente quando estiverem conectadas com a energia divina que existe dentro delas. Essa energia se manifesta na alegria que sentimos quando fazemos algo por alguém. Não o fazemos para evitar as consequências negativas. Algumas pessoas não acreditam que pode haver disciplina em casa, no trabalho, em organizações ou no governo a menos que existam exigências e que as pessoas sejam forçadas a fazer as coisas.

Por exemplo, outra mãe com quem trabalhei disse:

— Marshall, tudo bem desejar que as pessoas ajam motivadas pela energia divina, mas e uma criança? Quero dizer, uma criança primeiramente precisa aprender o que **tem de** fazer, o que **deveria** fazer.

Essa mãe bem-intencionada usou dois termos que considero muito destrutivos: **tem de** e **deveria**. Ela não acredita que exista uma energia divina nas crianças e nos adultos, não imagina que as pessoas possam fazer coisas não porque serão punidas se não o fizerem, mas pelo prazer que sentem quando contribuem para o bem-estar do próximo.

> *Faça as coisas pelo prazer de contribuir.*

Então falei a ela:

— Espero que hoje eu possa lhe mostrar outras formas de falar com seus filhos que soem mais como um pedido. Eles enxergam suas necessidades. Não atendem aos pedidos porque acham que **têm de** atender. Se sentirem que têm escolha, os atenderão motivados por uma energia divina que há dentro deles.

Ela arguiu:

— Todos os dias faço diversas coisas que odeio fazer, mas que simplesmente têm de ser feitas.

— Você poderia me dar um exemplo?

— Sim, posso. Quando eu sair daqui, tenho que ir para casa cozinhar. Odeio cozinhar. Odeio com toda minha alma, mas é uma dessas coisas que tenho de fazer. Tenho cozinhado diariamente, nos últimos vinte anos. Odeio, mas temos que fazer certas coisas.

Ficou claro que ela não cozinhava movida por uma energia divina. Fazia-o motivada por outro tipo de consciência. Disse a ela:

— Espero mostrar-lhe uma forma de pensar e de se comunicar que a ajudará a se conectar com sua energia divina e a agir a partir dela. E, dessa forma, você poderá falar com os outros de um jeito que eles também atuarão a partir dessa energia.

Ela aprendeu rápido. Foi para casa naquela noite e anunciou para a família que não queria mais cozinhar. Obtive um retorno de sua família. Cerca de três semanas depois, apareceram para um treinamento seus dois filhos mais velhos. Eles me procuraram antes do treinamento e um deles me disse:

— Queremos lhe contar quanta mudança ocorreu em nossa família desde que nossa mãe veio ao seu workshop.

— É mesmo? Fiquei curioso. Ela vem me informando sobre todas as mudanças que têm ocorrido em sua vida desde aquela ocasião, quando aprendeu a agir a partir de uma determinada energia e parou de fazer as coisas por obrigação. Sempre quis saber como isso afeta os outros membros da família. Por isso estou contente que vocês vieram. Contem para mim, como foi ouvir que ela não queria mais cozinhar?

— Marshall, eu disse a mim mesmo: "Graças a Deus!" - revelou o filho mais velho.

— Ajude-me a compreender o motivo de sua reação.

— Pensei comigo mesmo: "Agora talvez ela pare de reclamar depois de cada refeição".

Quando não fazemos as coisas a partir de uma energia divina, que é a que faz com que seja natural contribuir compassivamente, quando seguimos o padrão cultural de fazer as coisas porque **temos de/devemos**, motivados por recompensas, culpa, vergonha, dever ou obrigação... bem, todos pagam um preço. Todos.

> Não faça nada que não seja motivado por uma energia divina.

A CNV propõe que tenhamos clareza: não devemos fazer nada que não seja a partir dessa energia divina. Saberemos que isso ocorre quando estivermos com vontade de fazer algo. Mesmo que seja algo trabalhoso, será prazeroso se nossa motivação primária for a de tornar a vida mais maravilhosa.

Veja o que acontece se as pessoas ouvem exigências no lugar de pedidos: quando eu estava começando a aprender a CNV – inicialmente tentando ter clareza sobre ela – já exercia o papel de pai, porém com métodos antigos. À vista disso, tive que correr atrás do prejuízo por um bom tempo, porque, mesmo quando procurava ter cuidado para que meus pedidos soassem como tais, meus filhos frequentemente ainda os ouviam como imposições. Você se lembra de que meu caçula disse, em outras palavras, que se sentia como um escravo quando eu lhe pedia algo.

Antes de eu começar a usar a CNV, duas vezes por semana lá em casa havia uma "guerra do lixo", com esse mesmo filho. Brigávamos por causa de uma incumbência que lhe atribuí: "Quero que você assuma a tarefa de levar o lixo para fora". Isso era uma exigência porque eu achava que as crianças deviam ajudar com os afazeres, portanto não lhe expliquei que necessidade minha estaria sendo atendida. Disse-lhe o que deveria fazer, de maneira gentil: "Esta é sua tarefa; gostaria que você levasse o lixo para fora". Porém, como ele ouviu isso como uma exigência, travávamos a guerra do lixo duas vezes por semana. E como a guerra começava? Simplesmente quando eu o chamava: "Brett!"

Então, como ele guerreava? Ficava no quarto, fingindo que não tinha me ouvido. Em seguida, eu contribuía para que o conflito escalasse – gritava tão alto que não dava para ele continuar fingindo:

— Brett!!!
— Que é?
— O lixo não está lá fora.
— Você é muito perspicaz, pai.
— Leve-o para fora.
— Mais tarde eu levo.
— Você disse isso da última vez e não levou.

— Não quer dizer que desta vez não levarei.

Dá para imaginar quanta energia era gasta só para levar duas vezes por semana o lixo para fora? Acontecia duas vezes por semana, semana após semana, tudo porque eu estava fazendo uma exigência, sem perceber. Não sabia qual era a diferença entre pedido e exigência naquela época.

Conversamos uma noite e ele me explicou por que não estava levando o lixo para fora. Deixou claro o motivo: sentia que era uma exigência.

Isso certamente me ajudou a compreender a diferença entre pedidos e exigências. Por exemplo, esse era o mesmo filho que, quando nevava, corria para a esquina, até a casa de uma senhora que tinha uma severa dificuldade de locomoção. Não conseguia andar, mas conseguia dirigir. Contudo, quando a entrada da garagem estava cheia de neve, ela não tinha como se locomover. Ele ia até lá e retirava a neve da entrada, o que levava mais de uma hora para fazer. Ele nunca lhe disse que era ele quem retirava a neve, e nunca pediu para ser remunerado.

Na nossa casa, tínhamos uma pequena entrada. Não conseguia fazer com que ele retirasse a neve de lá, e me perguntava por que ele o fazia para a vizinha. Era óbvio: para ela, isso provinha da energia divina que faz com que sintamos prazer em ajudar o próximo. Eu o estava submetendo a uma estrutura de dominação: sou o pai e sei o que você tem de fazer.

> *Tenha clareza sobre os conceitos de "poder sobre" e "poder com".*

A última distinção sobre a qual precisamos ter clareza é a diferença entre os conceitos de "poder sobre" e "poder com". Com poder sobre os outros obtemos resultados a partir da submissão das pessoas. Podemos castigar ou premiar. Isso é poder **sobre**. É um poder fraco porque pagamos um preço por ele. Pesquisas revelam que empresas, famílias ou escolas que usam a tática do poder **sobre** têm um custo indireto que se revela em problemas com um clima de insatisfação geral, violência e ações sutis contra o sistema.

O poder **com** permite que as pessoas ajam de bom grado por perceberem que contribuirão para o bem-estar de todos. Isso é CNV. Uma das formas mais poderosas de criar poder **com** as pessoas é demonstrar que o grau de interesse que temos por suas necessidades é o mesmo que temos pelas nossas.

Criamos mais poder **com** as pessoas na medida em que avaliamos com honestidade e vulnerabilidade, sem críticas. As pessoas se preocupam mais com o nosso bem-estar quando partilhamos o poder do que quando lhes apontamos seus erros.

> **EXERCÍCIO**
> *Analise o pedido e a situação que você registrou anteriormente. Há alguma chance de que seu interlocutor interprete seu pedido como um poder **sobre** ele? O que você pode fazer para construir uma relação de poder **com** ele, aumentando assim a chance de ele atender ao seu pedido de bom grado? Como você pode reformular seu pedido para que reflita uma **linguagem de ação positiva**?*

PARTE II

A última das liberdades humanas é escolher a própria atitude.

Viktor Frankl

APLICANDO COMUNICAÇÃO NÃO VIOLENTA

Capítulo 4
Mudança interior

CRESCIMENTO VIA AUTOEDUCAÇÃO

> *Educação não é uma preparação para a vida; educação é a própria vida.*
>
> John Dewey

Gostaria de compartilhar como a CNV pode contribuir para gerar mudanças:

- em nós mesmos;
- nas pessoas cujos comportamentos não estão em harmonia com nossos valores;
- nas estruturas em que estamos inseridos.

Já mencionei que o propósito da CNV é criar uma conexão que permite que o ato de dar ocorra de forma compassiva. Também descrevi a linguagem básica necessária para vivenciá-la dessa forma – a linguagem dos sentimentos, necessidades, pedidos – e como expressá-la de um jeito que seja um presente para os outros, permitindo que enxerguem o que está vivo em nós.

É um presente quando elas podem ver o que tornaria a vida mais maravilhosa, porque isso lhes dá a oportunidade de contribuir de bom grado para nosso bem-estar. Também mencionei que, através de uma conexão empática, podemos receber esse presente de outras pessoas, mesmo quando estão usando uma linguagem bem violenta.

Ao refletir sobre como a CNV pode gerar mudanças, lembre-se disto: queremos que as pessoas mudem porque descobriram formas melhores de satisfazer suas necessidades a um custo menor, e não por medo de serem punidas ou culpadas. Primeiramente, veremos como essa mudança pode ocorrer em nós mesmos, depois nas pessoas cujo comportamento não está em harmonia com nossos valores e, finalmente, nas estruturas sociais que estão funcionando em desarmonia com nossos valores.

Comecemos com nós mesmos: pense em um erro que cometeu recentemente, algo que gostaria de não ter feito. Agora pense: **Como posso me educar quando faço algo que gostaria de não ter feito?** Isto é, o que você pensa sobre si no momento em que vem o arrependimento?

> *Aprenda com suas limitações sem perder o autorrespeito.*

Há pouco, ministrava uma sessão de treinamento, e estávamos vendo como a CNV pode ser utilizada para nos ajudar a aprender através de nossas limitações, sem perder o autorrespeito. Uma senhora nos contou que tinha gritado com seu filho pela manhã, antes de chegar ao nosso treinamento. Disse coisas que gostaria de não ter dito e quando olhou para ele, percebeu quão magoado estava. Perguntei-lhe então:

— Como você se educou naquele momento? O que pensou de si mesma?

— Pensei: "Que mãe horrível eu sou. Não deveria ter falado assim com meu filho. O que há de errado comigo?"

Infelizmente é assim que muitas pessoas se educam. Educam-se da mesma forma que nos educaram quando fazíamos coisas que desagradavam as figuras de autoridade. Elas nos culpavam e nos puniam, e nós internalizamos isso. Como resultado, é comum educar-se através da culpa, vergonha e outros tipos de táticas violentas e coercitivas. Sabemos que estamos agindo assim.

Como percebemos que estamos nos educando de modo violento? Três sentimentos sinalizam isso: depressão, culpa e vergonha. Acredito que boa parte do tempo nos sentimos deprimidos não porque estamos doentes ou porque há algo errado conosco, mas porque nos ensinaram a nos educarmos com julgamentos moralistas, a nos culparmos, a pensarmos como a mãe do nosso exemplo. Por ter gritado com seu filho, pensou que havia algo errado com ela, que era uma péssima mãe.

A propósito, sempre digo às pessoas que "uma boa definição de inferno é ter filhos e achar que existe uma coisa chamada bom pai ou boa mãe". Sentimo-nos deprimidos durante boa parte de nossa vida, porque é um trabalho árduo. É um trabalho importante e amiúde fazemos coisas que gostaríamos de não ter feito. Precisamos aprender, mas sem recriminações. O aprendizado que decorre da culpa ou da vergonha é custoso. Já não é possível anular esse aprendizado – está internalizado. Fomos treinados a nos educar com julgamentos violentos.

Em nossos workshops mostramos como flagrar-se no momento em que estamos nos recriminando, e como

> *Aprenda a olhar para as necessidades que dão origem aos julgamentos.*

trazer à luz nossos julgamentos para ver qual é nosso discurso interno. Nesse momento nos damos conta de que é assim que nos educamos – desqualificando-nos, pensando que há algo errado conosco. Depois explicamos como olhar para as necessidades que dão origem a esses julgamentos. Ou seja, que necessidade não atendida motivou aquele comportamento?

Então perguntei àquela mãe exatamente isso:

— Que necessidade sua foi desatendida quando falou com seu filho daquele jeito?

— Marshall, tenho uma necessidade muito grande de respeitar os outros, principalmente meus filhos. Falar daquele jeito desatendeu à minha necessidade de respeito.

— Agora que sua atenção se voltou para suas necessidades, como se sente? – perguntei-lhe.

— Estou triste.

— Como é sentir-se triste comparado ao que você sentia há pouco, quando estava pensando que você é uma mãe horrível e os demais julgamentos que fez a seu respeito?

— Agora sinto uma espécie de dor doce.

— Sim, porque essa é uma dor natural.

Quando entramos em contato com as necessidades que foram desatendidas por causa do nosso comportamento, chamo a isso luto, luto por nossas ações. Porém, é um luto sem culpa, sem achar que há algo errado conosco por termos feito o que fizemos. Quando ajudo as pessoas a fazerem essa conexão, elas geralmente descrevem a dor de uma forma parecida à dessa mãe. É uma espécie de dor doce quando comparada à depressão, à culpa e à vergonha que sentimos quando nos educamos através de recriminações e julgamentos. Em seguida pedi a ela que pensasse nas boas razões que a levaram a fazer o que fez.

> Aprenda a sentir luto por suas ações, sem recriminação, sem culpa.

— Como? – disse ela.

Repeti meu pedido.

— Não sei se entendi. Você se refere ao fato de eu ter gritado com meu filho? O que você quer dizer com "boa razão"?

— É importante conscientizar-se de que não fazemos nada que não seja por uma boa razão.

Não acredito que qualquer ser humano faça algo que não seja por boas razões. E quais são? Para satisfazer uma necessidade. **Tudo** que fazemos está a serviço de necessidades. Assim, perguntei-lhe:

— A que necessidade você estava querendo atender quando falou com seu filho daquele jeito?

— Você está dizendo que estava certo?

— Não estou dizendo isso. Estou propondo que aprendamos a ver as necessidades que queremos satisfazer quando fazemos algo. Primeiramente, vemos a necessidade que foi desatendida com o comportamento. Em seguida, nos conscientizamos da necessidade que estávamos tentando satisfazer quando fizemos o que fizemos. Acredito que quando concentramos a atenção nessas duas necessidades, potencializamos a capacidade de aprender com nossas limitações, sem perder o autorrespeito.

— Então, a que necessidade você estava tentando atender quando falou daquele jeito?

— Marshall, tenho uma grande necessidade de proteger meu filho e, se ele não aprender a mudar de comportamento, tenho muito receio do que possa vir a acontecer.

— Sim. Então você tem uma grande necessidade de cuidar do bem-estar de seu filho e estava tentando contribuir...

— Foi uma maneira horrível de fazê-lo, gritar daquele jeito.

> *Apure qual necessidade sua foi atendida ao fazer algo.*

— Bem, já consideramos o lado seu que não aprecia o que você fez. Ele desatendeu à sua necessidade de respeitar os outros. Agora vamos apurar qual necessidade sua estava sendo atendida quando fez aquilo. Você se preocupa com seu filho e queria cuidar de seu bem-estar.

— Sim.

— Acho que temos mais chance de aprender a lidar com outras situações no futuro se nos perguntarmos como poderíamos ter atendido às duas necessidades. Agora que identificamos as necessidades, você consegue imaginar como poderia ter se expressado de um modo diferente?

— Sim, sim. Claro que sim. Posso ver que se eu tivesse me conectado com essas necessidades, teria me expressado de uma forma bem diferente.

É assim que ensinamos as pessoas a usarem a CNV consigo mesmas. Quando fazemos algo que nos desagrada, o primeiro passo é processar o luto, oferecendo empatia a nós mesmos pela necessidade que não foi atendida. Fazemos isso ouvindo todos os julgamentos que fomos programados a ter. Dessa forma, podemos fazer bom uso da nossa depressão, culpa e vergonha. Esses sentimentos podem funcionar como um despertador que nos acorda para o fato de que não estamos conectados com a vida – vida no sentido de estarmos em contato com nossas necessidades. Estamos em um jogo mental violento de autorrecriminação e autodesqualificação.

Se aprendermos a nos conectar empaticamente com as necessidades que não foram atendidas e olharmos para a parte de nós que estava tentando satisfazê-las, ficaremos mais aptos a enxergar o que está vivo em nós mesmos e nos outros – e para fazer o que for necessário a fim de tornar a vida mais maravilhosa.

Com frequência, não é fácil conectar-se empaticamente com essas necessidades. Se analisarmos e expressarmos o que nos levou a agir de determinada maneira, geralmente pensamos em algo como "tive de fazê-lo; não tive escolha". Isso nunca é verdade! Sempre temos escolha. Só fazemos aquilo que escolhemos fazer. Escolhemos nos comportar de tal maneira para atender a uma necessidade. Uma parte muito importante da CNV é reconhecer que fazemos escolhas a todo momento, que sempre escolhemos fazer o que fazemos e que nossas ações decorrem, invariavelmente, de uma escolha. E mais – todas as nossas escolhas visam atender a uma necessidade. É assim que a CNV funciona dentro de nós.

AUTOEMPATIA PELOS NOSSOS "ERROS"

> Fiquemos felizes pela dignidade de nosso privilégio de cometer erros; felizes pela sabedoria que nos ajuda a reconhecê-los; felizes pelo poder que nos permite direcionar a sua luz para iluminar vividamente o caminho de nosso futuro.
> Erros são dores que produzem sabedoria.
> Sem eles não haveria crescimento individual, nem progresso, nem conquistas.
>
> William Jordan

Muitas pessoas sentem uma dor imensa pelo que fizeram ou passaram na vida. Para ajudá-las a lidar com a fonte do sofrimento, a primeira coisa é pedir-lhes que identifiquem o que acreditam ser a causa.

Dessa maneira, a CNV está em sintonia com os princípios do psiquiatra Thomas Szasz, descritos em seu livro *O mito da doença mental*. Sim, algumas pessoas têm problemas físicos que afetam sua saúde mental, mas a grande maioria das que consideramos mentalmente doentes são simplesmente "bem educadas" a pensar e a se comunicar de um jeito que lhes causa um desconforto psicológico. Não significa que estejam doentes; significa que aprenderam formas de pensar e de se comunicar que fazem com que suas vidas sejam muito tristes.

O primeiro passo para ajudar as pessoas é ensiná-las a aprender com seus erros, sem perder o autorrespeito. Ou, como diríamos em Detroit, aprender a gostar de pisar na bola. Começamos pedindo que pensem em um erro. É por isso que excluímos as pessoas perfeitas de nossos workshops, porque elas não têm nada a ser trabalhado!

Depois de as pessoas pensarem em algo que fizeram e que gostariam de não ter feito, pedimos que nos deem uma ideia do que pensaram de si mesmas. É muito cruel o que as pessoas pensam de si – e não somente no campo de golfe. A resposta mais comum, o comentário número um de todos os tempos é: "Como sou idiota!" Vou contar uma coisa, há uma porção de idiotas no mundo. Outras pessoas usam uma palavra violenta, uma das mais violentas que o ser humano já concebeu: **deveria**. "Não deveria ter feito aquilo. Deveria ter sido mais sensível."

> A palavra "deveria" causa muita dor.

A palavra **deveria** vem diretamente daquele jogo de violência que sugere que existe o bom e o mau, o **deveria** e o **não deveria**. Se não fazemos as coisas que deveríamos fazer, deveríamos ser punidos; se fazemos as coisas certas, deveríamos ser recompensados. Isso causa muita dor. Então, pedimos que as pessoas digam o que pensam sobre si quando são menos que perfeitas. Isso as remete a muitas memórias.

As pessoas veem que ainda estão se tratando do jeito que odiavam ser tratadas, quando crianças, por seus pais – "você não deveria ter feito isso", "você é descuidado", "você é burro", "você é egoísta", "tem algo errado com você". Elas percebem agora que estão se educando da mesma forma, sempre que não são perfeitas. E a primeira coisa que fazem é se desqualificar brutalmente. Não é de se estranhar que os antidepressivos representem 41% das vendas de produtos farmacêuticos. Ensine as pessoas a se recriminarem quando cometem erros e boa parte delas cairá em estado depressivo.

Para que as pessoas superem a dor do **deveria**, as ajudamos a tomar consciência desse pensamento. Em seguida mostramos a elas que tal pensamento é uma expressão trágica de uma necessidade não atendida. Significa que, se identificarmos a necessidade que não foi atendida quando agimos como agimos, é bem mais fácil tirar um aprendizado porque começamos a imaginar como poderíamos ter atendido à necessidade de uma forma melhor, sem perder o autorrespeito. Assim, depois de pedir às pessoas que identifiquem os pensamentos brutais com os quais estão se recriminando, ensinamos a traduzi-los para a linguagem das necessidades.

Nesse momento mostramos como se conectar empaticamente com o que estava vivo nelas quando tiveram o comportamento que chamaram de erro. Em outras palavras, devem ter clareza sobre qual era a necessidade que estavam tentando satisfazer quando agiram daquela forma. Nos workshops, é muito comum uma mãe contar:

> *Devemos nos conectar empaticamente com o que está vivo em nós.*

— Estava atrasada antes de vir para cá, e gritei com meus filhos de um jeito que não deveria ter gritado. Sinto-me tão culpada! Sou uma mãe horrível.

— Então, é isso que você pensa sobre si mesma – que é uma mãe horrível?

— Sim.

A seguir a ajudamos a elucidar:

— Que necessidades suas não foram atendidas, necessidades essas que são expressas pelos julgamentos de que você é uma mãe horrível, e não deveria ter se comportado daquele modo?

— Quero ser respeitosa com todos, principalmente com meus filhos.

— Essa é a necessidade desatendida?

— Sim.

— Como se sente agora?

— Ah, bem diferente. Estou triste, mas menos deprimida, com menos raiva de mim mesma.

— Certo. Agora, a qual necessidade você queria atender quando agiu daquela forma?

— Ah, não tem desculpa para o que fiz.
— Não, na realidade há uma boa desculpa. Você o fez pela mesma razão que todos os seres fazem tudo: para atender a uma necessidade da melhor forma que dispõe no momento. Qual era a sua necessidade?
— Bem, eu queria ser pontual para mostrar meu respeito a você e aos membros deste grupo.

Com nossa ajuda, ela percebeu que seu desespero provinha da necessidade de honrar o horário combinado. Quando as pessoas conseguem ter empatia por si mesmas dessa maneira, nas ocasiões em que começam a se criticar, conseguirão traduzir as críticas em necessidades não atendidas. Quando as pessoas praticam a autoempatia, tornam-se mais capazes de aprender com suas limitações, sem perder o autorrespeito – sem sentimento de culpa ou depressão.

Na verdade, eu diria que se não conseguirmos oferecer empatia a nós mesmos, fica muito difícil oferecê-la aos outros. Se ainda achamos que há algo errado conosco quando cometemos um erro, como vamos pensar de forma distinta em relação às ações de outras pessoas? Quando oferecemos empatia a nós mesmos e permanecemos efetivamente conectados com a nossa verdade interior de um modo que enriquece a vida, conseguimos ouvir ou sentir quais necessidades estão deixando de ser atendidas com nossas atitudes e, nesse momento, também descobrimos quais necessidades intentávamos atender ao fazer o que acabamos de fazer. Ao focarmos a atenção em nossas necessidades, torna-se mais fácil satisfazê-las sem perder o autorrespeito e ficamos mais aptos a refrear julgamentos sobre o que os outros dizem ou fazem.

A CNV nos ajuda a fazer as pazes com nós mesmos quando há um conflito entre o que fazemos e o que desejaríamos ter feito.

> A CNV nos ajuda a fazer as pazes com nós mesmos.

Se somos violentos com nós mesmos, como contribuir para a pacificação do mundo? A paz começa dentro de nós. Não estou dizendo que temos de nos livrar de todo o violento aprendizado interior antes de olhar para o mundo exterior, ou que devemos procurar formas de contribuir para mudanças sociais, em uma escala mais ampla. Estou dizendo que precisamos fazer tudo isso simultaneamente.

CURANDO FERIDAS ANTIGAS – LUTO *VS.* PEDIDO DE DESCULPAS

> *Sem o tempo para elaborar o luto, não há o tempo para elaborar a cura.*
>
> Sir Henry Taylor

É comum acontecerem muitos processos de cura em nossos treinamentos. Note que isso ocorre na frente de oitenta a noventa pessoas, portanto pode-se dizer que essa é a quantidade de testemunhas da eficácia de nossa abordagem. Participantes amiúde comentam que têm mais resultado com os trinta ou quarenta minutos de meu trabalho do que com os seis a sete anos de psicoterapia tradicional.

Primeiramente, não falamos nada ou quase nada a respeito do que aconteceu no passado. Descobri que isso não auxilia na cura e com frequência perpetua e aumenta o sofrimento. É como reviver a dor. Isso contraria o que me foi ensinado no curso de Psicanálise, mas aprendi ao longo dos anos que nos curamos ao falar sobre o que está acontecendo no momento atual, no agora. Com certeza o agora é resultado do passado e não negamos que ele esteja afetando o presente, mas não permanecemos nele.

> A cura se dá quando falamos sobre o que está acontecendo no momento, no agora.

Como consigo isso? Geralmente faço o papel da pessoa que, no passado, causou a maior parte do sofrimento do participante. Não raro, é o pai ou a mãe. Posso fazer o papel de um pai que agredia ou molestava sexualmente seu filho ou filha quando eram crianças. Então, sento-me junto ao participante que tem carregado essa dor por anos e desempenho o papel da pessoa que provocou o sofrimento, como se ela soubesse CNV. Começo com empatia, dizendo: "O que ainda está vivo em você como resultado de minhas ações?" Veja bem, não estamos voltando ao passado e falando sobre o que aquele pai fez, mas sobre o que ainda está vivo na pessoa como consequência do ocorrido.

Muitas vezes o participante não conhece a CNV, por isso não sabe expressar o que está vivo sem fazer um diagnóstico: "Como você pôde fazer isso comigo? Você foi muito cruel. Como pode um pai espancar uma criança daquele jeito?" Em seguida digo: "Estou ouvindo você me dizer que _____"; depois traduzo para a linguagem de sentimentos e necessidades da CNV. No papel do pai, conecto-me de maneira empática com a dor do participante, mesmo que não tenha sido expressa claramente.

Na CNV sabemos que todos esses diagnósticos são expressões trágicas do que o participante está sentindo e precisando no momento. Então prossigo até que compreenda totalmente o que ainda está vivo, causando-lhe tanta dor. E quando ele alcança esse entendimento, eu processo o luto – ainda no papel do pai. Não o pedido de desculpas, e sim o luto.

> *O pedido de desculpas faz parte de nossa linguagem violenta.*

A CNV nos mostra a grande diferença que existe entre o luto e o pedido de desculpas. O pedido de desculpas faz parte de nossa linguagem violenta. Ele implica que cometemos um erro – que devemos levar a culpa, que devemos nos penitenciar, que somos pessoas horríveis – assim, quando concordamos que somos horríveis e nos penitenciamos o suficiente, podemos ser perdoados. Pedir desculpas faz parte desse jogo. Se nos odiarmos o bastante, mereceremos ser perdoados.

Em contraste, o que é realmente curativo para as pessoas não é esse jogo em que concordamos que somos horríveis, mas aquele em que olhamos para o nosso interior e identificamos qual necessidade nossa não foi atendida mediante aquele comportamento. E, quando nos conectamos com isso, sentimos uma espécie diferente de sofrimento. Um sofrimento natural, do tipo que propicia aprendizado e cura, e não raiva de si mesmo ou culpa.

Dessa forma, no papel do pai, após oferecer empatia para minha filha, eu processo o luto. Digo algo como: "Sinto-me imensamente triste ao ver que minha maneira de lidar com o meu sofrimento naquela época causou tanta dor a você. Minha necessidade era exatamente o oposto disso, era a de contribuir para seu bem-estar". O luto soaria mais ou menos assim.

Após o luto, o próximo passo seria o pai explicar à filha o que estava vivo nele quando fez aquelas coisas horríveis no passado. Nesse momento vamos ao passado, não para falar sobre o que ocorreu, mas para ajudar a filha a ver o que estava vivo no pai quando agia daquela forma.

Em alguns casos, o pai soaria assim: "Eu estava sofrendo tanto em vários aspectos de minha vida – não ia bem no trabalho, sentia-me um fracassado – que ao ver você e seu irmão gritando, não conhecia outra forma de lidar com meu sofrimento a não ser de maneira brutal". Quando o pai expressa honestamente o que estava vivo nele e a filha consegue sentir empatia e entender isso, o enorme poder curativo que surge é impressionante. Para muitas pessoas, o mais surpreendente é o fato de que tudo isso pode acontecer em uma hora – e em uma sala repleta de pessoas.

> **EXERCÍCIO**
> Pense em uma pessoa ou evento que ainda lhe traz sofrimento. O que está vivo em você neste momento em relação a essa pessoa ou evento? O que pode ter estado vivo na outra pessoa?

Capítulo 5
Conectando-se empaticamente com os outros

Capítulo 5
Conectando-se empaticamente com os outros

O homem não tece a teia da vida, ele é apenas um de seus fios. O que fizer para a teia, fará a si mesmo. Todas as coisas estão entrelaçadas. Todas se conectam.

Chefe Seattle

Já aprendemos a expressar o que está vivo em nós e o que torna a vida mais maravilhosa. Vimos que, para tanto, precisamos observações, sentimentos, necessidades e pedidos claros. Porém, isso é a mecânica da coisa. É importante notar que essa mecânica só tem poder quando está a serviço do propósito espiritual do processo, que é criar uma conexão em que as pessoas possam agir a partir de uma energia divina, da alegria da compaixão, do prazer de contribuir. Se não tivermos essa intenção, não captamos nada.

Por exemplo, uma mãe retornou no segundo dia de um workshop e me disse:

— Fui pra casa e testei ontem à noite, mas não funcionou.

— Bem, vamos aprender com sua experiência. O que você fez?

Ela me contou que falou com um de seus filhos a respeito de algo que queria que ele tivesse feito e ele não fez. Ela seguiu os procedimentos à risca. Fez uma observação clara, expressou seus sentimentos, necessidades e pedidos. E, mesmo assim, ele não fez.

Perguntei-lhe:
— Então, por que você acha que não funcionou?
— Ora, porque ele não fez.
— Por isso você considerou que não funcionou, porque ele não fez o que você lhe pediu.
— Sim.
— Bem, isso não é CNV. Mesmo tendo seguido os procedimentos, essa não é a proposta. Lembre-se que ontem eu disse que o propósito é criar uma qualidade de conexão que nos permita contribuir para o bem-estar do próximo pelo prazer de fazê-lo compassivamente. Não é para conseguir o que você deseja.
— Ah, então tenho que fazer sozinha todas as tarefas domésticas...?

Ela cometeu o mesmo equívoco de muitas pessoas: o de pensar que se os outros não fazem o que lhes pedimos, só nos resta desistir e ser permissivos, adotar a anarquia. Mostrei-lhe que, se nos conectamos de forma compassiva, as necessidades de todos podem ser atendidas. Contudo, se a outra pessoa sente que nosso único objetivo é fazer com que nosso pedido seja obedecido, o jogo muda – nossos pedidos passam a ser exigências.

REAGINDO ÀS MENSAGENS DOS OUTROS

Não podemos viver somente para nós mesmos.
Mil fibras nos conectam a nossos semelhantes; e ao longo
dessas fibras, como fios solidários, nossas ações correm
como causas e retornam a nós como efeitos.

Herman Melville

Consideremos uma situação em que fomos sinceros com uma pessoa, seguindo os preceitos da CNV. Isso é metade do processo: aprender a se expressar dessa forma. A outra metade é saber reagir às mensagens dos outros.

Vou contar o que muitas pessoas temem que aconteça quando se abrem e se revelam. Quando expressam com franqueza o que está vivo nelas e o que tornaria a vida mais maravilhosa, receiam que a outra pessoa lhes ofereça um diagnóstico de graça. O interlocutor apontará o que há de errado com elas por terem esses sentimentos, necessidades e pedidos. Têm receio de ouvir que são muito sensíveis, carentes ou exigentes. Isso de fato pode acontecer. Vivemos num mundo em que as pessoas pensam assim; por isso, quando somos verdadeiramente transparentes e sinceros, podemos receber um diagnóstico. A boa notícia é que a CNV nos prepara para lidar com qualquer tipo de reação.

> Muitas pessoas têm medo de uma palavrinha de três letras: Não.

Outras pessoas temem o silêncio. Dizem: "E se eu me abro, me revelo e o outro fica calado?" Podemos nos preparar para isso também. Muitas outras pessoas também têm medo de uma palavrinha de três letras: Não. "E se eu me abro e digo o que desejo e o que preciso e a pessoa diz 'não'?" Reflita bem sobre isso. É preciso estar preparado para qualquer tipo de reação.

A outra metade da CNV nos mostra como estabelecer uma conexão empática com o que está vivo na outra pessoa e com o que tornaria sua vida mais maravilhosa. A conexão empática tem um propósito e um significado bem específico. Obviamente, a empatia é um tipo de compreensão. Não é uma compreensão cognitiva em que apenas processamos mentalmente o que a outra pessoa diz. É algo mais profundo e mais precioso.

A conexão empática é uma compreensão vinda do coração; através dela enxergamos a beleza interior da outra pessoa, sua energia divina, aquilo que nela está vivo. Conectamo-nos com isso. O objetivo não é compreender intelectualmente, mas conectar-se de maneira empática. Não significa que devemos sentir o que a outra pessoa está sentindo. Isso seria comiseração: ficar tristes porque a outra pessoa está chateada. Não significa ter os mesmos sentimentos, significa que estamos **com** a outra pessoa. Essa qualidade de compreensão requer um dos presentes mais preciosos que um ser humano pode oferecer a outro: nossa presença naquele momento.

Se estivermos tentando compreender a outra pessoa com a mente, não estaremos presentes com ela no momento. Estamos parados ali, analisando-a, mas não estamos **com** ela. A conexão empática se dá quando nos conectamos com o que está vivo na outra pessoa, **neste momento**. Olhe novamente para sua previsão de como a pessoa envolvida reagiria.

> *Se estivermos tentando compreender a outra pessoa com a mente, não estaremos presentes com ela no momento.*

Suponhamos que você disse a seu chefe que está frustrado com o fato de ele ter pedido que você trabalhe até mais tarde, pela terceira noite seguida, para entregar um trabalho extra. Está frustrado porque tem outros compromissos e necessidades que precisariam sua atenção e cuidado. Você foi sincero em relação aos motivos que o levaram a não querer fazer hora extra e finalizou com um pedido claro, perguntando se ele estaria disposto a procurar outra pessoa para ajudá-lo.

Você se expressou de maneira franca expondo suas vulnerabilidades; contudo, vamos imaginar que o seu chefe retrucou: "Se você quiser perder o emprego, vou atender ao seu pedido". Que escolhas você tem agora? Deixe-me mostrar algumas opções.

Escolha número um: Você pode levar para o lado pessoal, como se sua solicitação indicasse que há algo errado com você. Assim, quando seu chefe reagisse dessa forma, você poderia pensar "sou um egoísta" ou "não sou um funcionário muito bom". Você estaria levando o que seu chefe disse para o lado pessoal.

Fomos educados a acreditar que, quando figuras de autoridade nos dizem que há algo errado, o problema somos nós. Sugiro que você nunca, nunca, nunca dê ouvidos ao que os outros pensam de você. Com isso, prevejo que você viverá mais e mais feliz. E nunca leve nada para o lado pessoal.

A segunda escolha é julgar a forma como o chefe se comportou. Você poderia pensar ou falar "isso não é justo", "que absurdo", ou algo parecido.

Podemos recriminar o outro pelo que nos diz. Não recomendo isso. Preferiria aprender a me conectar empaticamente com a mensagem que o outro está procurando passar. Para tanto, é necessário enxergar o que está vivo nele.

> *Aprenda a se conectar empaticamente com qualquer mensagem que os outros expressarem.*

Uma de minhas reflexões sobre empatia foi citada no livro que Josh Baran editou recentemente, intitulado *365 Nirvana Here and Now: Living Every Moment in Enlightenment* [365 Nirvana aqui e agora: Vivendo a iluminação a cada momento]. O autor selecionou um trecho em que comparo a empatia ao surf. Digo que empatia é como surfar uma onda; é se conectar com uma determinada energia. Trata-se de uma energia divina que está viva em cada pessoa, a todo momento.

Infelizmente muitos de nós bloqueamos essa energia divina em decorrência da forma como nos ensinaram a pensar; todavia, para mim, empatia é sentir essa energia que emana da outra pessoa. É uma experiência divina. Sinto-me como se estivesse em um fluxo com a energia divina. E quando duas pessoas se conectam assim, qualquer tipo de conflito pode ser resolvido de forma a atender às necessidades de ambas.

Quando ensinamos as pessoas a se conectarem de forma empática com gente de outras culturas cujos comportamentos as desagradam, encontramos maneiras de resolver as diferenças pacificamente. Portanto, empatia é uma bela experiência quando vivenciada. E é muito poderosa nos trabalhos de pacificação de relações diplomáticas, em comparação às costumeiras táticas adversariais.

> *Infelizmente há muita cura que precisaria acontecer no mundo.*

Ao conectar-se de maneira empática com o que está vivo na outra pessoa, é impressionante quão curativo isso pode ser. Infelizmente há muita cura que precisaria acontecer no mundo por causa dos sofrimentos que afligem as pessoas e, com frequência, me chamam para ajudar vítimas de conflitos entre diferentes crenças religiosas.

Por exemplo, fiz um trabalho de cura com uma mulher da Argélia que tinha sido agredida por pessoas que desaprovaram as vestimentas dela e de sua amiga. Ela foi obrigada a ver sua amiga ser amarrada à traseira de um automóvel e ser arrastada até a morte. Depois a levaram para dentro de sua casa e a violentaram na frente de seus pais. Essas pessoas iriam retornar na noite seguinte para matá-la, mas felizmente ela teve acesso a um telefone e chamou uns colegas meus em Genebra, na Suíça, especializados em socorrer aqueles que estão em situação difícil.

Conseguiram resgatá-la e me telefonaram:

— Marshall, você poderia fazer um trabalho de cura com essa mulher? Ela está sofrendo muito. Está na Suíça há duas semanas, chorando dia e noite.

— Podem trazê-la hoje à noite. Será um prazer realizar o trabalho com ela – respondi.

— Tem uma coisa que você precisa saber, Marshall: ela tem receio de querer matar você – alertaram-me.

— Vocês explicaram que vou fazer o papel da pessoa, mas que não sou a outra pessoa?

— Sim, ela entendeu isso. Mas disse que só de imaginar você sendo a outra pessoa, já poderia agredi-lo. E, Marshall, é bom você saber que ela é uma mulher bem grande.

— Obrigado pelo aviso. Bem, diga a ela que um intérprete me acompanhará. Ele é de Ruanda e estará no curso que darei à tarde. Considerando a violência que ele já vivenciou, não acredito que se intimidará. Vejam se ela se sentirá segura com nós dois na sala.

Assim, nos encontramos e interpretei o papel do extremista religioso que a maltratou por desaprovar as vestimentas e o comportamento dela e de sua amiga. Isso levou um tempo. Por cerca de uma hora e meia ela gritou comigo, expressando sua dor. Ofereci-lhe empatia ao feitio da CNV, apenas escutando o profundo sofrimento que a martirizava naquele momento. E então ela berrou:

— Como você pôde fazer isso?

— Gostaria de contar o que me motivou a fazer aquilo, mas antes quero expressar quão mal me sinto agora, ao ver a sua dor.

Primeiro fiz meu luto, depois lhe falei o que estava vivo em mim que me levou a fazer o que fiz. Ela ficou abismada, e me perguntou:

— Como você sabia?

— Sabia o quê?

— Isso é praticamente o que ele disse. Como você sabia?

— Porque eu sou aquele homem, e você também é, e todos somos.

No âmago de nossa humanidade, todos temos as mesmas necessidades. Por isso, quando faço esse trabalho curativo, não uso o intelecto para entender o que está acontecendo com a outra pessoa. Em vez disso, coloco-me no lugar dela e expresso o que estaria acontecendo internamente ao fazer algo semelhante. Quando conseguiu ouvir isso, o efeito curativo que se verificou nela foi incrível. Faz uns oito anos que tenho mantido contato com ela e sei que essa cura se mantém até hoje.

> **EXERCÍCIO**
>
> Como preparação para ver como a CNV propõe que reajamos com os outros, retome a sua situação e use a imaginação. Imagine que você vai tentar pôr em prática o que aprendeu até agora. Decide falar sinceramente com a pessoa, usando os quatro passos para responder às duas questões. Diz para ela as quatro coisas que pedi que escrevesse: o que ela fez que o desagradou; como você se sentiu; quais necessidades não foram atendidas; qual é o seu pedido. Agora, anteveja qual seria a reação dela e registre no papel.

Capítulo 6
Ver a beleza nos outros

O amor não é nada mais que a descoberta de nós mesmos nos outros, e o prazer desse reconhecimento.

Alexander Smith

A CNV nos mostra como descobrir o que está vivo nas outras pessoas. Também nos ajuda a ver a beleza no outro a qualquer instante, independentemente de seu comportamento ou linguagem. Vimos que é preciso se conectar com os sentimentos e necessidades da pessoa naquele momento. É isso que está vivo nela. E, quando o fazemos, ouvimos a pessoa entoando uma bonita canção.

Estava trabalhando com adolescentes de doze anos em uma escola do estado de Washington, ensinando-os a se conectarem empaticamente com as pessoas. Pediram-me que mostrasse como eles poderiam lidar com pais e professores. Estavam receosos com a resposta que receberiam caso se abrissem e revelassem o que estava vivo neles. Um dos alunos falou:

— Por exemplo, Marshall, fui sincero com um dos meus professores. Disse-lhe que não havia entendido e pedi: "Daria para explicar de novo?", e ele respondeu: "Você é surdo? Já expliquei duas vezes".

Outro jovem lamentou:

— Ontem pedi algo ao meu pai e tentei expor minhas necessidades, mas ele falou: "Você é o filho mais egoísta da família".

Então esses jovens estavam ávidos por saber como se conectar com as pessoas de seu dia a dia que se expressam dessa forma. Os alunos só conseguiam levar a conversa para o lado pessoal, pensando que havia algo errado com eles. Mostrei-lhes que se aprendemos a nos conectar empaticamente com as pessoas, **sempre** as ouviremos entoar uma bonita canção. Elas estão nos pedindo que vejamos as belas necessidades que estão vivas nelas. Isso é o que está por trás de cada mensagem que outro ser humano faz chegar a nós, se nos conectamos com sua energia divina naquele momento.

> *Aprenda a se conectar empaticamente e perceba que os outros estão sempre entoando uma bonita canção.*

Outro exemplo vem de uma época em que estava trabalhando em um campo de refugiados em um país não muito satisfeito com os Estados Unidos. Havia cerca de 170 pessoas reunidas e, quando meu intérprete anunciou que eu era um cidadão americano, um deles saltou e gritou:

— Assassino!

Um outro lançou-se e berrou:

— Infanticida!

— Sanguinário! - esbravejou outro.

Naquele dia, fiquei feliz por conhecer a CNV. Habilitou-me a ver a beleza por trás daquelas falas, a enxergar o que estava vivo neles.

Fazemos isso na CNV ao ouvir os sentimentos e necessidades que estão por trás de qualquer mensagem. Então me dirigi ao primeiro cavalheiro:

— O senhor está bravo porque sua necessidade de apoio não está sento atendida pelo meu país?

Para isso foi preciso que eu tentasse entender o que ele estava sentindo e necessitando. Eu poderia estar enganado. Contudo, mesmo quando nos equivocamos, se estivermos tentando verdadeiramente nos conectar com a energia divina do outro ser humano – seus sentimentos e necessidades do momento – isso sinaliza ao outro que, independentemente de como se comunica conosco, nós nos importamos com o que está vivo nele. Quando uma pessoa sente isso, estamos no caminho certo para estabelecer uma conexão em que as necessidades de todos podem ser atendidas.

> *Tente se conectar de um modo que mostre para a outra pessoa que você se importa com o que está vivo nela.*

A conexão não se deu de forma imediata porque esse senhor estava muito consternado. Coincidiu que meu palpite foi certeiro:

— O senhor está bravo porque sua necessidade de apoio não está sento atendida pelo meu país?

Ele vociferou:

— Você está certo pra #!@&%! Não dispomos de sistema de esgoto. Não temos moradia. Por que vocês estão mandando armas?

— Então, se entendi corretamente, o senhor está dizendo que é doloroso precisar de coisas como sistema de esgoto e moradia, e que é muito penoso quando, em vez disso, são enviadas armas.

— É isso mesmo #!@&%! Você tem ideia do que é viver 28 anos nessas condições?

— O senhor está me contando que é muito doloroso, e que gostaria que essa situação que está vivenciando fosse compreendida.

Escutei o que estava vivo nele, não seu discurso sobre eu ser um assassino. Quando sentiu que eu me importava sinceramente com o que ele estava sentindo e precisando, passou a ter condições de me ouvir.

— Olhe, estou frustrado neste instante porque fiz uma longa viagem até aqui, e gostaria de oferecer algo, mas receio que, pelo fato de ter sido rotulado como americano, você não me dê ouvidos.

— O que você quer nos dizer?

Assim, ele conseguiu me ouvir.

Mas tive que enxergar o ser humano por trás de seus insultos. Uma hora depois ele me convidou para o jantar do Ramadã em sua casa. A propósito, agora temos uma escola naquele campo de refugiados, que chamamos de escola de Comunicação Não Violenta. E toda vez que vou para aquela região, sou bem recebido por eles.

Isso é o que acontece quando nos conectamos com a humanidade um do outro, com os sentimentos e necessidades por trás de qualquer mensagem. Não quer dizer que sempre devemos expressá-los em voz alta. Algumas vezes o que a pessoa está sentindo e precisando é muito óbvio e não há necessidade de verbalizar. Ela perceberá pelo nosso olhar se estamos realmente tentando nos conectar.

> *A pessoa perceberá pelo nosso olhar se estamos realmente tentando nos conectar.*

Note que isso não significa que temos que concordar com a pessoa. Não quer dizer que precisamos gostar do que ela está dizendo. Significa que estamos lhe oferecendo o precioso presente de nossa presença; estar presente nesse momento para o que está vivo nela, estar interessado, genuinamente interessado nisso. Não o fazemos como uma técnica psicológica, mas porque desejamos nos conectar com a beleza interior da pessoa naquele instante.

Ao juntar tudo isso, eis o que teríamos: poderíamos iniciar um diálogo com a outra pessoa dizendo o que está vivo em nós e o que gostaríamos que ela fizesse para tornar a nossa vida mais maravilhosa. Em seguida, independentemente de sua resposta, buscaríamos nos conectar com o que está vivo nela e com o que faria a vida dela mais maravilhosa. E assim manteríamos o fluxo da comunicação até encontrarmos estratégias que atendessem às necessidades de todos.

> *Independentemente da reação das pessoas, procure se conectar com o que está vivo nelas.*

É sempre bom assegurar-se que as estratégias pactuadas estão sendo acordadas a partir do desejo de contribuir para o bem-estar mútuo, e não pelas razões que já mencionei e que devemos evitar – como submissão à punição, culpa etc. Muitos acreditam que é impossível conseguir fazer isso com algumas pessoas. Entendem que tais pessoas são tão perturbadas que, independentemente da comunicação utilizada, não conseguirão chegar a esse ponto. Essa não tem sido a minha experiência.

Não estou afirmando que essa conexão sempre acontece de imediato. Por exemplo, alguns prisioneiros com quem trabalhei pelo mundo afora levaram bastante tempo para acreditar que eu tinha interesse sincero pelo que estava vivo neles. Às vezes não é fácil sustentar isso, visto que meu próprio condicionamento cultural não possibilitou que eu me tornasse fluente nela em tenra idade. E esse aprendizado é um verdadeiro desafio.

Lembro-me de uma ocasião em que estava aprendendo a usar a CNV e tive um conflito com meu filho mais velho. Minha primeira reação ao que estava me dizendo foi a de não me conectar com o que estava vivo nele, com o que estava sentindo e precisando. Quis interrompê-lo e mostrar que ele estava errado. Tive que respirar bem, bem fundo. Por um momento, precisei olhar para o que se passava dentro de mim e conferir que estava perdendo a conexão com ele, depois voltei minha atenção a ele e, buscando fazer conexão, falei:

— Então, você está sentindo ____ e está precisando de ____.

Logo ele me disse algo, e mais uma vez fiquei agitado e precisei me conter e respirar fundo para conseguir retornar ao que estava vivo nele. Obviamente essa conversa estava se alongando mais que de costume, e havia uns amigos esperando por ele lá fora.

Finalmente ele se manifestou:

— Pai, você está demorando muito para falar.

— Deixe-me falar a única coisa que consigo dizer rapidamente: faça o que mando ou dou uma surra em você.

— Demore o tempo que for preciso, pai; não tenha pressa.

> Não tenha pressa.

Assim, a CNV propõe que façamos as coisas com tranquilidade para agirmos motivados por nossa energia divina, e não por nosso condicionamento cultural.

Capítulo 7
O que você quer mudar?

O progresso é impossível sem mudança, e aqueles que não conseguem mudar suas mentes não conseguem mudar nada.

George Bernard Shaw

Se quisermos que nossos esforços para promover mudança social sejam eficazes, é recomendável ter consciência de que precisamos nos trabalhar internamente. E quando estivermos fazendo isso, também será necessário olhar para fora e identificar as mudanças que gostaríamos que ocorressem no mundo.

Algumas pessoas com certeza têm comportamentos que nos assustam. Refiro-me às pessoas que chamamos de criminosas... elas roubam, estupram. O que devemos fazer quando nos deparamos com pessoas que consideramos repugnantes e até assustadoras? Como podemos mudá-las ou fazer com que queiram mudar? Esta é a hora em que realmente precisamos aprender a empregar a **Justiça Restaurativa**. Temos que aprender a não punir as pessoas quando se comportam de uma forma que desaprovamos.

Como já mencionei, a punição é um jogo em que todos perdem. Queremos que as pessoas mudem seu comportamento não porque serão castigadas se reincidirem, mas porque descobriram que há outras opções que atendem às suas necessidades com maior eficácia e menor custo.

Tentei passar essa mensagem de forma clara a uma mãe em um workshop na Suíça. Ela me perguntou:
— Marshall, como faço o meu filho parar de fumar?
— O seu objetivo é esse, fazê-lo parar de fumar?
— Sim.
— Então ele não vai parar.
— Como assim?
— Quando nosso objetivo é fazer com que alguém pare de fazer algo, perdemos o poder. Se realmente quisermos ter o poder de promover mudanças – sejam em nós mesmos, nos outros ou na sociedade – precisamos fazê-lo com a consciência de como o mundo pode melhorar. Devemos ajudar as pessoas a verem como suas necessidades podem ser atendidas com maior eficácia e menor custo.

> *Quando nosso objetivo é fazer com que alguém pare de fazer algo, perdemos o poder.*

Depois vimos como isso se aplicaria à situação dela e de seu filho. Ela estava sofrendo muito porque se preocupava com a saúde dele. Ele tinha começado a fumar dois anos atrás e desde então as brigas sobre esse tema eram quase que diárias. O objetivo da mãe era fazer com que o filho parasse e, para alcançá-lo, dizia ao filho quão danoso é esse hábito. Ela perguntou:
— Marshall, como a CNV me ajudaria nesta situação?
— Bem, espero que a primeira parte tenha ficado clara. Seu objetivo não é fazê-lo parar. É **ajudá-lo a encontrar outras maneiras de satisfazer suas necessidades a um custo menor.**
— Isso ajuda bastante; bastante mesmo. Mas como devo falar isso para ele?
— Sugiro que comece dizendo, de modo sincero, que você compreende que fumar é a coisa mais maravilhosa que ele poderia estar fazendo.
— O quê? Você pode explicar?

— Ele não estaria fumando se isso não estivesse atendendo às necessidades dele. Se estabelecermos uma conexão empática sincera com as necessidades que seu filho está tentando satisfazer, ele verá que entendemos por que está fazendo isso. Quando as pessoas sentem essa qualidade de compreensão, ficam muito mais abertas a ouvir outras opções. Se sentirem que nosso único objetivo é mudá-las ou que estão sendo recriminadas, torna-se mais difícil promover mudanças. Por isso, o primeiro passo é falar que você sinceramente entende que o que ele está fazendo é a forma absolutamente mais maravilhosa que ele conhece de satisfazer suas necessidades.

> *Quando as pessoas sentem que temos um único objetivo, é difícil promover mudanças.*

Essa senhora voltou depois do almoço e estava brilhando, simplesmente brilhando. Disse-me:

— Marshall, muito obrigada pelo que você me ensinou de manhã. Tive uma conversa maravilhosa com meu filho na hora do almoço. Eu telefonei para ele.

— Bem, conte-me como foi.

— Primeiro, quando liguei para casa, meu filho de treze anos atendeu. Pedi-lhe que chamasse seu irmão depressa. Informou-me que ele estava na varanda dos fundos. Aí eu deduzi que estava fumando, porque depois de dois anos de discussões por causa do cigarro, combinamos que só fumaria fora da casa. Confirmei meu pedido: "Tudo bem. Vai lá e fala que eu quero conversar com ele". Aí o meu filho de quinze anos veio e me perguntou: "O que você quer?" Respondi que havia aprendido algo sobre fumar que queria compartilhar. Ele disse: "É?... O quê?" Expliquei que tinha aprendido que era a coisa mais maravilhosa que ele poderia fazer.

— Não foi bem isso que eu disse para você fazer. Falei para você estabelecer uma conversa com conexão empática, mostrando que você compreende.

— Sim, Marshall, eu sei. Entendi isso mesmo. Mas, sabe, eu conheço esse rapaz e realmente senti que poderia lhe passar a mensagem bem mais rápido dizendo-lhe apenas que entendo que fumar é a coisa mais maravilhosa que ele poderia estar fazendo.

> Quando as pessoas se sentem compreendidas, é mais fácil se abrirem a outras possibilidades.

— Certo, você o conhece. Então está bem. E aí, o que aconteceu?

— Marshall, o que aconteceu foi profundo, especialmente se considerarmos quanto já brigamos a esse respeito. Primeiro ficou calado por um bom tempo, depois ele disse: "Não tenho tanta certeza disso".

Quando as pessoas não têm que se defender de nossa fixação em querer mudá-las, quando sentem que suas atitudes são compreendidas, é muito mais fácil se abrirem a outras possibilidades.

Por exemplo, quando trabalho em presídios, uso o mesmo princípio. Se alguém está fazendo algo que me desagrada, começo tentando estabelecer uma conexão empática com as necessidades que a pessoa está querendo atender ao fazer o que está fazendo;

> Encontre formas mais eficazes e menos custosas de atender suas necessidades.

depois de eu compreender isso, sugiro que encontre formas mais eficazes e menos custosas de satisfazer suas necessidades.

Fui convidado a um presídio do estado de Washington, nos Estados Unidos, onde trabalhei com um jovem detido pela terceira vez por abusar sexualmente de crianças. Quis começar me conectando empaticamente com o que estava vivo nele. Disse-lhe que gostaria de entender melhor o que acontecia com ele quando fazia isso com as crianças – a que necessidades buscava atender. Ficou perplexo com minha pergunta e indagou:

— O que você está me pedindo?

— Tenho certeza que você faz isso por uma boa razão. É sua terceira detenção pelo mesmo ato. Não preciso dizer que a vida na prisão não é nada fácil para pedófilos.

— Isso mesmo, é difícil pra #!&$%!

— Então, se tem de pagar tão caro por isso, certamente deve estar atendendo a alguma necessidade sua. Vamos identificar essas necessidades, porque acredito que, ao compreendê-las, conseguiremos encontrar outra forma de atendê-las com maior eficácia e menor custo. Quais seriam suas necessidades?

— Você está dizendo que tudo bem eu ter feito o que fiz?

— Não, não estou dizendo que tudo bem. Estou falando que você fez isso pela mesma razão que me leva a fazer tudo que faço: satisfazer necessidades.

— Faço isso porque não presto.

— Você está expressando o que pensa de si mesmo. Há quanto tempo você tem se considerado assim?

— Toda minha vida.

— Isso o ajudou a parar de fazer isso?

— Não.

— Então, não acho que ficar se julgando vai satisfazer as suas necessidades e as de sua comunidade. Mas acredito que as necessidades de todos podem ser atendidas se entendermos quais necessidades suas são atendidas quando faz isso.

Ele precisou de minha ajuda porque não estava acostumado a pensar dessa forma. Nos presídios, escolas e em família, todos o fizeram sentir-se imprestável. Tinha sido ensinado a pensar o que era, não quais seriam suas necessidades. Encontramos várias necessidades. Vou citar algumas para ilustrar o que se passa no interior de uma pessoa.

> *Não fomos ensinados a pensar nas nossas necessidades.*

Primeiro, ele levava as crianças ao seu apartamento e as tratava muito bem. Ele as deixava assistir aos seus programas de televisão favoritos e lhes oferecia a comida que apreciavam. Perguntei-lhe que necessidades eram satisfeitas quando fazia isso. Descobri que ele sempre fora muito solitário. Nunca havia tido as suas necessidades de comunidade, conexão e companhia atendidas. A melhor maneira de satisfazer essas necessidades era esta: levar as crianças à sua casa e tratá-las bem. Por certo, ele poderia ter atendido a essas necessidades sem molestá-las sexualmente.

Em seguida, tratamos de descobrir que necessidade era atendida com o abuso. Levou um tempo para ele adentrar nesse tema, porque não lhe era fácil olhar para dentro de si e elaborá-lo. Percebeu que as necessidades por trás desse comportamento eram a de compreensão e empatia.

O olhar aterrorizado de suas vítimas fazia com que sentisse que elas compreendiam o sofrimento que ele vivenciara na infância ao ser molestado sexualmente por seu pai. Ele não sabia que essas eram suas necessidades. E não conhecia outras formas de satisfazê-las. Depois de tê-las identificado, ficou claro que havia muitas outras formas de atendê-las que não envolviam aterrorizar crianças.

É assim que usamos a CNV com pessoas que têm comportamentos que nos desagradam. Começo me conectando empaticamente com as necessidades que estão sendo atendidas através de suas ações. Depois digo-lhes quais necessidades minhas ficam desatendidas com o que fazem – o medo ou desconforto que sinto com tal comportamento. A seguir exploramos juntos formas mais eficazes e menos custosas de atender conjuntamente às nossas necessidades.

Esse exemplo ilustra por que a prática de CNV está tão alinhada com os princípios da Justiça Restaurativa. A ideia é: se quisermos ter paz e harmonia, temos que descobrir o que

> A *prática da CNV está muito alinhada com os princípios da Justiça Restaurativa.*

restaurará a paz, em vez de somente punir os malfeitores. Grande parte de nosso treinamento está em harmonia com esses fundamentos. Às vezes, a Justiça Restaurativa reproduz o formato de minha conversa com uma pessoa que tenha vivenciado alguma experiência traumatizante causada por alguém.

Por exemplo, a pessoa pode ter sido estuprada. No lugar de simplesmente punir o estuprador, é feito um acordo em que ambas as partes se dispõem a experimentar a Justiça Restaurativa. Muitas vezes o ofensor está preso e pode decidir se deseja aderir a esse procedimento.

Como funciona? Inicio ajudando a vítima a expressar o sofrimento que vivenciou. Em geral é profundo. Muito profundo. E ela não conhece a nossa prática, por isso não sabe expressá-lo de uma forma leve. Pode ser uma mulher que foi estuprada e esbraveja com o ofensor: "Quero que você morra. Que seja torturado. Você me dá nojo".

A seguir, auxilio o ofensor a se conectar empaticamente com o sofrimento dela, para de fato ouvir quão profunda é a dor que ela sente. Os ofensores em geral não estão acostumados a isso. A primeira coisa que querem fazer é pedir desculpas.

> *Devemos nos conectar empaticamente com o sofrimento da outra pessoa.*

O ofensor começa a dizer: "Ah, desculpe, sabe..." Interrompo-o e digo: "Não, espere. Lembra daquilo que falei antes? Primeiro, manifeste empatia. Quero que mostre a ela que compreende totalmente a profundidade de seu sofrimento. Você consegue verbalizar os sentimentos e necessidades dela?"

Ele não consegue. Então me ofereço para repetir o que ela disse, e transformo tudo o que expressou em sentimentos e necessidades. Em seguida a ajudo a ouvir tudo isso de seu ofensor. Dessa forma, ela pode sentir que é compreendida por ele. Depois eu o auxilio a processar o luto por seus atos. Sem pedir desculpas – o que seria fácil demais. Oriento-o a fazer uma introspecção e verificar o que sente quando vê o sofrimento dela. Para isso é necessário que haja uma profunda conexão consigo mesmo. Resulta muito doloroso, mas é uma dor sanadora. Eu o ajudo na travessia.

Enquanto isso, ela presencia o luto que ele está sinceramente fazendo, em contraposição a um mero pedido de desculpas. Pergunto a ele: "O que estava se passando com você quando fez aquilo?" Ajudo-o a se expressar, nomeando sentimentos e necessidades, e auxilio a vítima a ter empatia com isso. Nesse momento, as duas pessoas na sala já não são as mesmas que ali chegaram.

> **EXERCÍCIO**
> *Em relação à pessoa que fez aquilo que o desagradou, pense de que formas ela poderia ter atendido à necessidade dela sem lhe causar dano. Escreva como exporia essas opções a ela, utilizando o que foi abordado até agora.*

Capítulo 8
Gangues e outras estruturas de dominação

COMO CHEGAMOS ONDE ESTAMOS

> *O mundo mudará para melhor quando as pessoas concluírem que estão fartas da situação em que ele se encontra e decidirem se transformar.*
>
> Sidney Madwed

Vimos como a CNV nos ajuda a promover mudanças em nós mesmos e também nas outras pessoas. Sabemos que isso requer consciência das necessidades. Também demanda a percepção de que **todas** as recriminações e **todos** os julgamentos – "sou mau", "sou alcoólatra", "sou viciado" – dificultam o aprendizado e o processo de descobrir formas de viver mais eficazes e menos custosas. Agora vejamos como essa percepção pode ser aplicada em nível coletivo.

Primeiro, um pouco de história. De acordo com algumas pessoas, como o teólogo e historiador Walter Wink, aproximadamente entre oito e dez mil anos atrás, por diversos motivos, criou-se um mito de que uma boa vida seria aquela na qual as pessoas boas castigam e subjugam as pessoas más. Esse mito parece ter criado a base para que as pessoas vivessem sob regimes autoritários, cujos líderes se autodenominavam reis ou czares. E essas sociedades, que chamo de **sociedades de dominação** – onde as pessoas que se julgam

> As sociedades de dominação primam pela capacidade de condicionar as pessoas a serem cordatas, inertes e obedientes.

superiores controlam as demais –, primam pela capacidade de condicionar as pessoas a pensarem de tal forma a serem cordatas, inertes e obedientes.

As mulheres passam a acreditar que boas mulheres não têm necessidades; sacrificam suas necessidades pela família. Homens valentes não têm necessidades; dispõem-se a dar a vida para proteger o patrimônio do rei. Ao mesmo tempo, desenvolvemos um modo de pensar e de julgar uns aos outros de tal forma a justificar punições e recompensas. Criamos um sistema judiciário baseado na justiça retributiva que reforça a ideia de que merecemos punição ou recompensa. Acredito que essas crenças e comportamentos estão no cerne da violência de nosso planeta.

Se quisermos ajudar a perpetuar as estruturas autoritárias, devemos fazer com que as pessoas acreditem que certas coisas são corretas e outras erradas, algumas boas e outras más, algumas egoístas e outras altruístas. E quem determina quais são o quê? A pessoa do topo da hierarquia, claro. Assim, nossa mente está programada a se preocupar com o julgamento que suscitamos na pessoa que ocupa uma posição superior à nossa na pirâmide de autoridades.

Não é difícil cultivar esse tipo de condicionamento, porque basta fazer com que as pessoas se desconectem do que está realmente vivo nelas e nos outros para que passem a se preocupar com o tipo de julgamento que receberão. Por isso, ao viver em uma estrutura autoritária, desenvolvemos uma linguagem que nos desconecta de nós mesmos e dos outros, e tudo isso dificulta o exercício da compaixão.

Ainda vivemos em uma sociedade de dominação, porém substituímos o rei por uma oligarquia. No lugar de um indivíduo somos dominados por uma **gangue**. Em muitos de nossos esforços para promover mudança social, estamos aparentemente preocupados com as ações de grupos de pessoas e não com o comportamento individual. Na minha concepção, gangues são grupos que se comportam de um jeito que nos desagrada. Algumas se autointitulam gangues de rua. Essas não são as que mais me assustam.

> *Gangues são grupos que se comportam de um jeito que nos desagrada.*

Outras gangues se autodenominam empresas multinacionais. Algumas se intitulam governos. As duas últimas fazem coisas à maneira das gangues, que entram em conflito com meus valores. Essas gangues controlam escolas e muitas delas querem que os professores ensinem a seus alunos que há o certo e o errado, o bom e o mau. Desejam que as escolas façam seus alunos estudarem motivados pelas recompensas, para que mais adiante sejam contratados para trabalharem oito horas por dia, por quarenta anos, executando tarefas sem sentido.

Basicamente, é a mesma estrutura de antes; só substituímos o rei pela gangue. Para aprofundar-se no tema, recomendo a leitura do livro de G. William Domhoff, *Who Rules America?* [Quem governa a América?]. Ele é um cientista político que perdeu dois empregos enquanto escrevia o livro, porque os membros da gangue têm muito dinheiro e não gostam de financiar professores que expõem sua gangue ao público.

Isso posto, não creio que as pessoas que se engajam em sistemas de dominação desde o início sejam pessoas más, tentando manipular as massas de forma escancarada. Ao contrário, elas desenvolveram a estrutura, acreditam nela, consideram-se abençoadas por estarem de alguma forma mais próximas de uma autoridade superior, e fazem isso para conservar a presença dessa autoridade superior na terra.

É somente uma maneira de enxergar o mundo que vem de longa data e à qual a maioria de nós foi exposto. Contudo, segundo Ruth Benedict, Margaret Mead e outros antropólogos, há partes inteiras no mundo que nunca tiveram contato com esse modo de pensar. Há muito menos violência nessas áreas.

A CNV propõe às pessoas que integram os sistemas de dominação um jeito de pensar e de se comunicar que, com certeza, tornaria as suas vidas muito mais maravilhosas. Podemos mostrar-lhes um jogo que é bem mais divertido que o de dominação e guerras. Verdadeiramente, existe um modo muito mais prazeroso de viver!

> A CNV *propõe um jogo que é bem mais divertido que o de dominar as pessoas.*

Portanto, vejamos como a CNV pode nos ajudar a transformar "gangues". Proponho que nos conscientizemos de como o comportamento das gangues afeta a nossa educação e a nossa maneira de ser. Deixe-me mostrar o que quero dizer com isso. Já mencionei que certos tipos de linguagem e de comunicação têm sido muito destrutivos. Mas de onde vem essa linguagem? De onde vêm a predominância de julgamentos moralistas e as táticas de punição e recompensa? Por que as usamos? Aprendemos essas táticas porque elas dão apoio a determinados comportamentos das gangues.

PROMOVENDO MUDANÇAS EM NOSSAS ESCOLAS

Se não alterarmos logo nosso rumo, chegaremos aonde estamos indo.

Irwin Corey

Analisemos as escolas: de acordo com Michael B. Katz, historiador que pesquisou as mudanças no sistema educacional, as reformas ocorrem em ciclos de aproximadamente vinte anos. A cada vinte anos, os cidadãos começam a se preocupar e, correndo um grande risco, fazem mudanças educacionais que são boas sob a ótica de melhoria dos níveis de aprendizado e de redução de problemas, como o da violência nas escolas.

Eles iniciam a reforma, porém as mudanças implementadas não se sustentam por mais de cinco anos. Em seu livro *Class, Bureaucracy, and Schools* [Aula, Burocracia e as Escolas], Katz expõe sua análise sobre esse fenômeno. Afirma que o problema é que os reformistas apontam para os erros das escolas e tentam solucioná-los. Não enxergam o que está dando certo.

As escolas dos Estados Unidos, contudo, estão cumprindo o papel que lhes foi atribuído, qual seja, o de apoiar o comportamento da gangue. Que gangue? Neste caso, a gangue da estrutura econômica, as pessoas que controlam nossas empresas. Elas controlam nossas escolas e têm três objetivos históricos:

- Primeiro, ensinar as pessoas a obedecer às autoridades para que, quando forem contratadas, façam o que lhes mandem fazer.
- Segundo, fazer as pessoas trabalharem por recompensas extrínsecas. Querem que aprendam não a enriquecer suas vidas, mas a receber avaliações do professor, para serem recompensadas com um emprego bem remunerado no futuro. Se for uma gangue que deseja contratar uma pessoa para lançar um produto ou serviço que não serve à vida (mas dá grande retorno financeiro aos proprietários da gangue), é melhor que os colaboradores não questionem: **será que este produto que estamos fabricando realmente serve à vida?** Não, devem apenas fazer o que lhes é solicitado e trabalhar pelo salário.
- Katz indica que a terceira função, executada com maestria por nossas escolas – e essa realmente dificulta a sustentabilidade de mudanças – é a de manter o sistema de castas e fazer com que pareça uma democracia.

O problema não é individual – é estrutural. Os professores e administradores das escolas não são os inimigos. Eles genuinamente desejam contribuir para o bem-estar dos alunos. Não há inimigos aqui. A inimiga é a estrutura de gangue que foi constituída para manter nossa economia. Então, o que devemos fazer para que as escolas passem a prestar um serviço mais significativo às pessoas? Precisamos mudar não somente as escolas, mas também a grande estrutura em que estão inseridas.

> *O problema não é individual – é estrutural. Os professores e administradores das escolas não são os inimigos.*

A boa notícia é que isso é possível. Já há pessoas trabalhando em vários países para viabilizar transformações radicais nas escolas. Estamos ajudando escolas, professores e alunos a trabalharem em harmonia com os princípios da CNV. Tenho o prazer de dizer que há vários professores apoiando a formação dessas escolas na Sérvia, Itália, Israel, Costa Rica e em outros lugares do mundo. A visão é a de que essa transformação radical influenciará a consciência das crianças da próxima geração.

Vou dar um exemplo de que podemos ensinar CNV a criancinhas pequenas, da mesma forma que em qualquer faixa etária. Elas podem aprender a usar a CNV para mediar seus conflitos. Estive recentemente em uma pré-escola israelense, onde as crianças ingressam com quatro a seis anos de idade. Duas meninas estavam discutindo. Eu não entendia o idioma, mas era evidente que estavam brigando e falaram algo para um menino. Pedi ajuda a minha intérprete e ela me disse que as meninas pediram ao menino que mediasse. Fiquei perplexo!

Os três – todos da pré-escola – correram para o cantinho da mediação e o mediador perguntou a uma das meninas o que ela havia observado, o que a outra criança havia dito que a desagradara. "Como você se sentiu?", ele perguntou e ela respondeu. "Quais são suas necessidades?" E, finalmente: "Qual seria o seu pedido?"

Ele realmente a ajudou. Fez-lhe as perguntas básicas da CNV. Eles tinham estudado CNV, por isso a garotinha não teve dificuldade em responder às perguntas. Em seguida ele pediu que a outra menina repetisse o que a primeira havia falado. Depois que a primeira criança foi compreendida, o mediador a ajudou a ouvir o outro lado apresentado, também com o auxílio dele, pela outra menina. Em pouco tempo o conflito estava resolvido e eles saíram correndo em bando. Uma holandesa com quem eu compartilhava a intérprete comentou: "Se não tivesse visto com meus próprios olhos, não acreditaria".

> "Se não tivesse visto com meus próprios olhos, não acreditaria."

Também ensinamos os alunos a mediar. Eles aprendem e fazem ótimas mediações – em todas as faixas etárias.

TRABALHANDO COM GANGUES EM GUETOS

Atualmente, as alternativas não são mudar ou não mudar, e sim mudar para melhor ou mudar para pior.

Clifford Hugh Douglas

Estava no centro da cidade de St. Louis, onde trabalhava e morava, conversando com o pastor em uma igreja da comunidade afrodescendente, no coração do gueto. O líder de uma gangue de rua queria investigar um rumor de que havia um homem branco dando palestra em seu território. Então, ele simplesmente adentrou o escritório do pastor. Sentou-se lá, olhando fixamente para mim enquanto eu falava às pessoas sobre o processo de comunicação que estaria oferecendo para ajudar nas relações raciais. Depois de um tempo ele disse:

— Não precisamos que um branquelo venha nos dizer como devemos nos comunicar. Nós sabemos nos comunicar. Se quiser nos ajudar, dê dinheiro para comprarmos armas e nos livrarmos de idiotas como você!

> *Parei, voltei a me conectar com a vida e comecei a aplicar a CNV.*

Já tinha ouvido coisas similares e eu não estava de bom humor naquele dia, por isso, em vez de pôr em prática meus ensinamentos, comecei a discutir com ele. As coisas não estavam indo bem e logo percebi o que estava fazendo; então parei, voltei a me conectar com a vida e comecei a aplicar a CNV. Tentei ouvir apenas o que ele, o ser humano, estava sentindo e precisando.

Mudei minha postura e perguntei:

— Então, você gostaria que o jeito de vocês se comunicarem fosse respeitado, e também gostaria que houvesse uma conscientização de que outras pessoas oprimiram aqueles mesmos indivíduos a quem originalmente haviam prometido ajudar?

Em vez de competir com ele, procurei entender seus sentimentos e necessidades. Isso mudou o clima. Ele ficou sentado, me olhando até o fim do encontro.

Logo mais, já havia escurecido e eu fui andando até o meu carro. Para uma pessoa branca, isso é sempre um pouco arriscado naquele bairro. Foi quando ouvi "Rosenberg!" e pensei: "Ai, acho que demorei demais". Ele me disse que queria uma carona e falou onde desejava ir.

Entrou no carro e foi direto ao momento em que passei a tentar compreendê-lo em vez de continuar disputando. Ele me perguntou:

— O que você fez comigo lá dentro?

— Esse é o processo sobre o qual eu estava falando.

Em seguida ele disse algo que mudou nossas vidas nos treze anos seguintes:

— Você pode me ensinar a passar esse conhecimento para os zulus? – esse era o nome da gangue. — Não vamos conseguir derrotar os brancos com armas. Vamos ter que aprender coisas desse tipo.

— Podemos fazer uma troca. Explico como ensinar isso aos zulus e você vai comigo a Washington, na quinta-feira, onde fui convidado a trabalhar com o sistema escolar para mostrar por que os afrodescendentes estão incendiando e destruindo as escolas.

Ele riu e disse:

— Cara, não tenho nenhuma instrução.

— Se você consegue aprender com a rapidez que demonstrou há pouco, seu grau de instrução é ótimo. Você pode não ter frequentado a escola, mas teve uma boa educação.

Ele foi comigo a Washington e fez um trabalho incrível, ajudando os administradores e professores a entender por que os alunos estavam pondo fogo nas escolas. Nos treze anos que se seguiram, fizemos muitos trabalhos juntos em várias partes do sul do país, preparando escolas para o término da segregação racial.

O governo federal pediu que fôssemos a locais bastante turbulentos para resolver conflitos entre brancos e negros. Ele se tornou o coordenador do programa habitacional da cidade de St. Louis. Outro membro da mesma gangue quase se elegeu prefeito de St. Louis anos atrás.

TRANSFORMANDO OUTRAS INSTITUIÇÕES SOCIAIS

> Visão sem ação não passa de um sonho.
> Ação sem visão é passatempo.
> Visão com ação pode mudar o mundo.
>
> Joel Barker

E as outras grandes gangues? Além das escolas, outra importante área carente de transformação é a do sistema judiciário, a das gangues do governo que operam o sistema jurídico. Sabemos, graças a pesquisas feitas nos Estados Unidos, que se duas pessoas são condenadas pelo mesmo delito e uma vai para a prisão e a outra não, a que foi encarcerada tem mais chance de apresentar um comportamento violento depois de ser libertada que a que não cumpriu pena de detenção.

Os condenados à pena de morte são, em sua grande maioria, pessoas negras ou de baixa renda. Achamos que isso é horrível, mas é a realidade; e sabemos que é o sistema – a gangue – que precisa mudar. Os indivíduos que a integram não são monstros, mas sendo membros de uma gangue, eles precisam mudar. Espero que atualmente todos tenham noção do fracasso das estruturas punitivas que fazem parte do nosso sistema judiciário. Urge uma transição da **justiça retributiva** para a **Justiça Restaurativa**.

> Urge uma transição da justiça retributiva para a Justiça Restaurativa.

Onde encontrar energia e competência para promover mudança social? Essas gangues nos afetaram tanto internamente, que mal conseguimos manter a nós mesmos e à nossa família em ordem. Depois de trabalharmos para transformar nosso mundo interior e tentar nos conectar compassivamente com as pessoas de nosso entorno, como sobrará energia para lidar com as gangues maiores?

EXERCÍCIO

Pense em uma coisa que você pode fazer para ajudá-lo a mudar algo que o desagrada. Anote isso em um papel e coloque-o em um lugar que o faça lembrar de fazê-lo.

Capítulo 9
Transformando imagens de inimigo e criando conexões

A grande revolução de nossa geração é a dos seres humanos que, ao mudarem suas atitudes mentais, conseguem mudar os aspectos externos de suas vidas.

Marilyn Ferguson

Em nossos treinamentos, não apenas queremos que as pessoas saiam com a consciência de como a CNV pode ser usada para transformar nosso mundo interior, mas também queremos que vejam como ela serve para criar o mundo exterior no qual desejamos viver. Podemos demonstrar que temos o poder e a energia para tanto, ou pelo menos, que podemos adquiri-los. Como fazemos isso?

Primeiro, precisamos nos libertar das imagens de inimigo, das crenças de que há algo errado com as pessoas que fazem parte das gangues. Isso não é uma tarefa fácil. É difícil enxergar que os que estão fazendo essas coisas são seres humanos como nós. É bastante desafiador em relação a gangues e muitas vezes também em relação a indivíduos.

> Precisamos nos libertar das imagens de inimigos.

Deixe-me citar um exemplo. Estava em Fargo, no estado norte-americano de Dakota do Norte, para trabalhar em escolas, não para fazer mediações. Uma pessoa que tinha me ajudado com esse projeto pediu-me um favor pessoal. Ela relatou a situação:

— Sabe, Marshall, há um grande conflito na minha família sobre a aposentadoria do meu pai. Ele quer se aposentar e propôs dividir nossa grande fazenda, mas meus dois irmãos estão brigando em relação a essa proposta. Já estivemos até em tribunais para tentar resolver a questão. É horrível. Eu poderia organizar a sua agenda para que você tenha um almoço longo de duas horas e meia. Você estaria disposto a mediar?

— Você disse que isso vem se arrastando há meses?

— Na verdade, há anos. Sei que é na hora do seu almoço, Marshall, mas eu ficaria muito grata por qualquer coisa que você consiga fazer para ajudar.

Então, naquele dia, entrei numa sala onde estavam o pai e os irmãos. A propósito, o pai morava no meio da fazenda e cada irmão morava em extremidades opostas da propriedade. Os irmãos não se falavam há oito anos! Fiz a pergunta de sempre aos irmãos:

— Vocês poderiam me dizer quais são suas necessidades?

De repente o irmão mais novo começou a gritar com seu irmão:

— Você nunca foi justo comigo. Você e o papai só se importam um com o outro! Vocês nunca se importaram comigo!

— Você nunca fez o trabalho – retrucou o irmão mais velho.

Eles continuaram gritando um com o outro por cerca de dois minutos. Não precisei saber mais nada sobre o contexto. Naquele breve período, deu para imaginar quais eram as necessidades dos dois que não haviam sido cuidadas ou compreendidas.

Devido ao pouco tempo de que dispunha, perguntei ao irmão mais velho se eu poderia fazer o papel dele em uma dramatização. Ele pareceu intrigado, mas consentiu.

> *Naquele breve período, deu para imaginar quais eram as necessidades dos dois.*

Fiz a dramatização como se ele soubesse aplicar a CNV. Consegui ouvir quais necessidades não atendidas estavam por trás dos julgamentos expressados pelo irmão mais novo. E já tinha ouvido o suficiente do irmão mais velho para expor suas necessidades de uma forma diferente. Houve muito progresso no sentido de ajudá-los a entender as necessidades de ambos. Contudo, as duas horas e meia se esgotaram e tive de sair para ministrar meu workshop.

Na manhã seguinte, o pai – que, conforme relatei, esteve presente na sessão – veio ao local em que eu estava trabalhando com os professores. Aguardava por mim no corredor. Tinha lágrimas nos olhos e me disse: "Muito obrigado pelo que você fez ontem. Nós todos fomos jantar fora, pela primeira vez em oito anos, e resolvemos o conflito durante o jantar".

Depois que ambos se libertaram da imagem de inimigo e reconheceram as necessidades do outro, é impressionante como a parte que vem a seguir – a de pensar em estratégias que atendam às necessidades de todos – fica comparativamente fácil. O mais difícil é superar as imagens de inimigo, é entender que não podemos nos beneficiar às custas dos outros. Quando **isso** fica claro, até assuntos complicados como brigas familiares deixam de ser impossíveis de solucionar, porque as pessoas estão conectadas no nível de sua humanidade partilhada.

> *O mais difícil é superar as imagens de inimigo.*

O mesmo se aplica às gangues. O elemento mais comum nos conflitos que tenho mediado é este: as pessoas não sabem expressar claramente quais são suas necessidades e pedidos, mas são muito eloquentes para formular diagnósticos sobre a patologia dos outros. Dizem o que há de errado com os outros quando se comportam de determinada maneira. Seja entre dois indivíduos, dois grupos ou dois países em conflito, a discussão começa com a imagem de inimigos, dizendo o que há de errado com o outro. Os tribunais de divórcio e as bombas têm muita coisa em comum.

MEDIANDO TRIBOS EM GUERRA

> *Não é preciso mudar.*
> *A sobrevivência não é obrigatória.*
>
> W. Edwards Deming

Certa vez me pediram que ajudasse a mediar um conflito entre duas tribos no norte da Nigéria – entre chefes cristãos e chefes muçulmanos. Havia muita violência entre essas tribos por uma disputa concernente à quantidade de pontos de venda onde exporiam seus produtos no mercado. Cem das quatrocentas pessoas dessa comunidade haviam perdido a vida no ano em que cheguei.

Um colega meu que mora na Nigéria, vendo essa violência toda, trabalhou arduamente para falar com os chefes dos dois lados e convencê-los a se reunirem para tentarmos resolver o conflito. Levou seis meses, mas ele finalmente conseguiu, e foi assim que eu comecei meu trabalho com esses chefes.

Enquanto nos encaminhávamos para a sessão, meu colega sussurrou:

— Prepare-se para um clima tenso, Marshall. Três pessoas que participarão da sessão sabem que o assassino de seus filhos estará presente também.

Realmente o clima estava bem tenso no começo. Houvera muita violência entre os dois grupos e essa era a primeira vez que se encontravam para conversar. Havia doze chefes de um lado da mesa e doze do outro. Iniciei a mediação da mesma forma de sempre:

— Estou confiante de que se as necessidades de todos forem identificadas e compreendidas, encontraremos uma forma de atender a todas. Então, por favor, quem gostaria de começar? Que necessidades suas não estão sendo atendidas?

Infelizmente, eles não sabiam expressar suas necessidades. Só sabiam proferir críticas e julgamentos. Em vez de responder à minha pergunta, um chefe da tribo cristã berrou enfurecido aos muçulmanos:

> *Infelizmente, as pessoas não sabem expressar suas necessidades.*

— Vocês são uns assassinos!

Repare que eu não perguntei: "O que você acha do pessoal que está do outro lado da mesa?" Perguntei quais necessidades estavam desatendidas e logo surgiu a imagem de inimigo.

Imediatamente o outro lado retrucou:

— Vocês querem nos dominar! – outro diagnóstico. Com esse tipo de imagem de inimigo, pude entender por que 30% da população tinha sido aniquilada em decorrência dos pontos de venda que cada lado queria para si.

Estavam todos gritando e não foi fácil recuperar a ordem. Mas nosso treinamento mostra que toda crítica, julgamento e imagens de inimigo são expressões trágicas e até suicidas de necessidades não atendidas. Então, no mundo da mediação, eu lhes empresto minhas habilidades de CNV, fazendo a tradução da imagem de inimigo para a necessidade. Com o senhor que disse "Vocês são uns assassinos", não foi difícil:

— Chefe, o senhor está expressando uma necessidade de segurança que não está sendo atendida? O senhor precisa de segurança. Desejaria que, independentemente do que estivesse acontecendo, as coisas fossem resolvidas sem violência, certo?

— Sim, é exatamente isso que estou dizendo.

> As necessidades soam mais verdadeiras que a imagem de inimigo.

Não foi bem isso que ele dissera, mas as necessidades soam mais verdadeiras que a imagem de inimigo. Com as habilidades da CNV, consegui ouvir as necessidades por trás do julgamento.

Contudo, isso não bastava. Precisava me certificar de que suas necessidades tinham sido ouvidas pelo outro lado. Assim, perguntei aos chefes muçulmanos:

— Por favor, alguém poderia repetir quais são as necessidades que o chefe disse ter?

— Por que você matou meu filho? – esbravejou um deles.

Então eu disse a esse último:

— Vamos lidar com essa questão em breve. Neste momento, você estaria disposto a me dizer quais são os sentimentos e necessidades do outro chefe?

É claro que ele não conseguiu. Estava tão envolvido em fazer julgamentos sobre o outro lado que não tinha condições de ouvir os sentimentos e as necessidades que eu ajudara a expressar.

Expressei o meu entendimento a ele:

— O sentimento que ouço do outro chefe é raiva, muita raiva, porque ele diz que tem uma necessidade de que os conflitos, independentemente do tipo, sejam resolvidos de um jeito que não envolva violência, para garantir a segurança de todos. Você poderia repetir, Chefe, só para eu me assegurar de que estamos nos comunicando?

Ele ainda não estava apto a fazê-lo. Tive que repetir a mensagem pelo menos outras duas vezes para que ele pudesse, finalmente, ouvir e dizer os sentimentos e necessidades do outro chefe.

Na sequência, ajudei os outros chefes a expressarem suas necessidades:

— Agora que vocês conhecem as necessidades do outro lado, gostaria que me falassem as suas necessidades.

Um dos chefes reforçou o julgamento que havia feito anteriormente:

— Faz tempo que eles estão tentando nos dominar e nós não vamos mais aceitar isso.

Traduzi esse diagnóstico dos erros cometidos pelo outro lado para a necessidade que me pareceu estar na raiz do julgamento, sondando:

— Você está chateado porque tem uma grande necessidade de que haja equidade nesta comunidade?

— Sim.

Dirigi-me a um membro da outra tribo:

— Você poderia repetir isso para que eu me certifique de que estamos nos comunicando?

Novamente, tive que repetir pelo menos duas vezes até ele entender que o outro lado tinha raiva porque a necessidade de igualdade estava desatendida.

Levou cerca de uma hora só para cada lado identificar suas necessidades e conseguir fazer com que a outra tribo as escutasse, porque havia muita gritaria e confusão. Entretanto, quando os dois lados conseguiram ouvir uma necessidade da outra parte, um dos chefes se levantou e me disse:

— Marshall, não dá para assimilar isso em um dia. E se conseguirmos dialogar assim, não precisaremos nos matar.

Ele percebeu em cerca de uma hora que, se conseguíssemos expressar unicamente nossas necessidades, dissociando-as da imagem de inimigo, resolveríamos os conflitos de forma pacífica.

Eu lhe disse:

— Chefe, fico contente que tenha compreendido isso tão rapidamente. Íamos dizer, ao final do dia, que te-

> *Se conseguíssemos expressar unicamente nossas necessidades, dissociando-as da imagem de inimigo, resolveríamos os conflitos de forma pacífica.*

ríamos prazer em treinar pessoas de ambas as tribos a usar esse aprendizado, caso surjam outros conflitos. Contudo, hoje estou aqui para mediar os conflitos, não para ensinar vocês. E sim, você tem razão. Não se pode aprender isso em um dia.
— Quero participar desse treinamento – disse ele.

Vários chefes presentes também manifestaram grande interesse em se voluntariar para fazer o treinamento. Perceberam que não precisamos de armas para resolver conflitos quando nos conectamos verdadeiramente com as necessidades do outro.

LIDANDO COM O TERRORISMO

Aqueles que inviabilizam uma revolução pacífica tornam inevitável uma revolução violenta.

John F. Kennedy

Muitas pessoas me perguntam como podemos usar a CNV para lidar com o terrorismo. Para começar, precisamos nos livrar das imagens de **terroristas** e **libertários**. Enquanto acreditarmos que os terroristas estão de um lado e nós – libertários – do outro, seremos parte do problema. Por isso, precisamos ter empatia com o que está vivo nessas pessoas quando praticam atos tão assustadores e dolorosos para nós – e ver que necessidades estão tentando satisfazer com tais atos.

Antes de conseguirmos nos conectar com isso, é provável que tenhamos atitudes resultantes de uma energia que ensejará mais violência.

Em relação às pessoas que fazem coisas que chamamos de "terrorismo", tenho convicção de que elas vêm externando seu sofrimento de diversas maneiras há trinta anos ou mais. Não ouvimos com empatia quando eles procuravam expressar isso de modo bem mais gentil – eles tentaram nos dizer como se sentiam desgostosas ao ver que algumas de suas necessidades mais sagradas não estavam sendo respeitadas pelo modo como tratávamos de atender às nossas necessidades econômicas e militares. Eles começaram a ficar cada vez mais agitados. Finalmente ficaram tão revoltadas que recorreram a atos horríveis.

> Em vez de considerá-los terroristas, precisamos ter empatia.

Então esta é a primeira coisa – em vez de considerá-los terroristas, precisamos ter empatia. Muitas pessoas interpretam isso como se estivéssemos aprovando o terrorismo – como se devêssemos simplesmente sorrir e agir de modo a achar válido matar milhares de pessoas.

Nada disso! Depois de ter criado empatia, precisamos mostrar-lhes nossa dor e as necessidades que não foram atendidas com suas ações. E se conseguirmos nos conectar com essas pessoas, podemos encontrar um jeito de satisfazer pacificamente as necessidades de todos. Porém, se os rotulamos de terroristas e tentamos puni-los por serem terroristas, já sabemos onde isso vai dar. Violência gera mais violência.

Eis a razão pela qual a primeira coisa que mostramos nos treinamentos que ensinam a manejar "gangues terroristas" é como fazer o devido **trabalho que reconecta***: olhar para dentro e lidar com a dor que as gangues nos provocam. É preciso transformar todas as imagens de inimigo que criamos dos outros em necessidades nossas que não estão sendo atendidas.

A seguir mostramos às pessoas que, independentemente do porte da mudança social – mesmo se tiver de lidar com uma gangue grande, como o governo ou uma multinacional –, em essência tudo dependerá do impulso e dos números.

---

* No original, *despair work*, termo posteriormente modificado para *work that reconnects* pela própria criadora da metodologia, Joanna Macy. [N. da T.]

A mudança ocorrerá quando um número significativo de integrantes da gangue mudar radicalmente o modo de enxergar as coisas, quando encontrar estratégias mais eficazes que a perpetuação do comportamento corrente para atender às necessidades humanas. Assim, buscamos promover mudanças, não mediante a destruição das estruturas existentes, mas através da conexão que estabelecemos com seus integrantes para achar formas mais eficazes e menos custosas de satisfazer suas necessidades (e a dos outros também).

> A *mudança ocorrerá quando as pessoas mudarem radicalmente o modo de enxergar as coisas, quando encontrarem formas mais eficazes de satisfazer suas necessidades.*

Desejamos mudar algumas multinacionais e suas ações. Contudo, não conseguiremos fazer isso convencendo-as de que são pessoas más, porque estão destruindo o meio ambiente e explorando pessoas de outros países com suas práticas de contratação e de comércio. Temos de nos conectar com as pessoas dessas "gangues corporativas" para mostrar-lhes que não podemos atender às nossas necessidades em detrimento das necessidades alheias. Devemos ajudá-las a perceber quais são suas necessidades, e descobrir maneiras de transformar sua organização para satisfazer tais necessidades com maior eficácia e menor custo para elas mesmas e para as outras pessoas. O mesmo raciocínio se aplica a indivíduos, famílias e grupos de qualquer tamanho ou complexidade.

Esse tipo de comunicação pode ser demorado e difícil. É possível que não baste ter uma conexão e uma experiência transformativa com apenas uma ou duas pessoas. Para mudar alguns comportamentos de gangue é preciso que milhões de pessoas ajam de forma diferente. Por exemplo, se a gangue for um governo, pode ser necessário reunir uma porcentagem da população para encontrar formas mais eficazes de atender às suas necessidades.

Às vezes, quando uma gangue tem quatro ou cinco pessoas com poder de controlar tudo, se estas enxergarem e implementarem as medidas necessárias para a mudança social que almejamos promover, o processo pode ser relativamente mais ágil. Mas, em geral, tratando-se de gangues, a transformação vai muito além do que uma única pessoa consegue fazer.

Para conquistar a paz é necessário fazer algo bem mais difícil do que se vingar ou dar a outra face; é preciso criar empatia com os medos e necessidades insatisfeitas que levam as pessoas a se agredirem. Ao ter consciência desses sentimentos e necessidades, elas perdem a vontade de revidar, porque conseguem perceber a ignorância humana por trás dessas ações. Desse modo, passam a querer criar uma conexão empática e uma consciência que as fará transcender a violência e desenvolver relações cooperativas.

> *Para conquistar a paz é necessário fazer algo bem mais difícil do que se vingar ou dar a outra face.*

Quando as pessoas se conectam com suas necessidades, elas não sentem aquela raiva que faz com que desejem punir os outros. É importante avaliarmos nossas necessidades. Estão sendo atendidas ou não? Mas devemos fazê-lo sem que o intelecto transforme as pessoas em inimigas e vilãs por não estarem, de alguma forma, satisfazendo nossas necessidades.

Toda vez que usamos o intelecto para julgar os outros em vez de usar o coração para enxergar as necessidades, diminuímos a probabilidade de que os outros sintam prazer em cooperar conosco.

O fato é que, quando as pessoas se conectam com as necessidades por trás da raiva, frustração e violência, elas se transportam para um mundo diferente. Vão para o mundo descrito por Rumi, o poeta sufi do século XIII: "Para além das ideias de certo e errado, existe um campo; lá nos encontraremos".

PARTE III

A paz é um processo diário, semanal, mensal de mudanças graduais de opiniões, de erosão lenta de antigas barreiras, de construção silenciosa de novas estruturas. E mesmo que a busca da paz seja discreta, essa busca deve prosseguir.

John F. Kennedy

PROMOVENDO MUDANÇA SOCIAL COM A LINGUAGEM DA PAZ

Capítulo 10
Reunindo forças para promover mudança social

Nunca duvide que um pequeno grupo de pessoas conscientes e engajadas possa mudar o mundo. De fato, sempre foi assim que o mundo mudou.

Margaret Mead

Para promover mudanças sociais, ajuda muito unir-se a pessoas que compartilhem de uma visão semelhante. Já falamos como a CNV pode ser utilizada para identificar as estruturas que desejamos construir com a colaboração de pessoas que partilham da mesma visão. Indicamos como formar uma equipe que trabalha em conjunto para conquistar essas mudanças.

É comum que, no início, os membros da equipe tenham desavenças entre si. Amiúde temos habilidades que não se prestam para um bom trabalho em grupo. Aqui estamos tentando mudar estruturas externas aparentemente grandes. Isso naturalmente parece ser uma incumbência desafiadora, e se torna ainda mais difícil quando há brigas internas na equipe. Por isso, no treinamento de capacitação para promover mudança social, ensinamos as pessoas a usarem a CNV para melhorar o trabalho em grupo e a produtividade das reuniões.

> *Ensinamos as pessoas envolvidas em mudanças sociais a usarem a CNV para melhorar o trabalho em grupo e a produtividade das reuniões.*

Por exemplo, eu trabalhei em San Francisco com uma equipe de cidadãos minoritários que estavam preocupadíssimos com as escolas que seus filhos frequentavam. Eles achavam que as escolas estavam destruindo o espírito das crianças. Havia determinadas estruturas que eles queriam mudar.

No entanto, disseram-me:

— Marshall, o problema é que faz seis meses que estamos nos reunindo para tentar criar uma mudança social, mas tudo o que fazemos é discordar ou entrar em discussões improdutivas e nunca avançamos. Você poderia nos mostrar como a CNV nos ajudaria a compor uma equipe e a aproveitar nossas reuniões de maneira mais eficaz?

Fui à reunião deles e lhes pedi que a conduzissem como de costume. Iria observá-los para ver se a CNV poderia ajudar a melhorar o trabalho do grupo.

A reunião começou com um homem lendo um artigo de jornal sobre uns pais que estavam acusando o diretor de uma escola de maltratar o filho deles. O diretor era branco e o aluno fazia parte de uma minoria racial. Depois da leitura, outro homem se manifestou:

— Isso não é nada. Frequentei essa mesma escola na minha infância e vou contar para vocês o que aconteceu comigo.

Nos dez minutos seguintes todos estavam relatando experiências do passado, comentando como o sistema era racista e assim por diante.

Deixei que prosseguissem por um tempo e então indaguei:

— Posso interrompê-los? Gostaria de pedir que se alguém achar que a reunião está sendo produtiva levante a mão – ninguém se manifestou, nem aqueles que estavam contando histórias.

Esse grupo de pessoas estava se reunindo para mudar o sistema, mas se envolvia em discussões que ninguém considerava produtivas. Elas tinham que sair de suas casas para vir à reunião. Não era fácil encontrar tempo e energia. Quando queremos lidar com estruturas de gangue para conquistar uma mudança social, não se pode desperdiçar energia com encontros improdutivos.

> *Não podemos desperdiçar energia com encontros improdutivos.*

Então, dirigi-me ao homem que havia iniciado a conversa:

— O senhor poderia me dizer o que desejava pedir ao grupo? O que gostaria que o grupo fizesse quando leu a matéria do jornal?

— Achei que era importante, que era interessante.

— Tenho certeza disso, mas você me falou o que pensa. Estou perguntando o que queria que o grupo fizesse...

— Não sei o que eu queria.

— Creio que é por isso que tivemos dez minutos de conversa improdutiva. Quando desejamos que o grupo atente para algo, e não temos clareza sobre o nosso propósito, é provável que não tenhamos um encontro muito produtivo. A CNV nos mostra que, quer estejamos falando com um indivíduo ou um grupo, devemos finalizar evidenciando claramente o que esperamos do interlocutor: qual é o nosso pedido?

> *Devemos nos certificar de finalizar a nossa fala evidenciando claramente o que esperamos do interlocutor.*

Expressar sua dor ou pensamento sem um pedido claro pode acabar sendo um convite para uma conversa improdutiva. Essa é uma das várias contribuições que a CNV pode oferecer para aumentar a produtividade das reuniões.

Trabalhei com outro grupo de cidadãos minoritários que desejavam mudar as práticas de contratação da gangue da Secretaria Municipal da Saúde de San Francisco. Eles consideravam as práticas opressivas porque discriminavam certas pessoas.

Queriam que eu lhes mostrasse como a CNV poderia ajudar a fazer com que a gangue satisfizesse melhor suas necessidades.

Durante três dias apresentei-lhes o processo e sua aplicação. Eles o poriam em prática e depois avaliaríamos o resultado. No dia seguinte retornaram bem desanimados e um deles lamuriou:

— Sabíamos que não ia adiantar. Não dá para mudar o sistema.

— Estou vendo que vocês estão bem abatidos.

— Sim, sim.

— Contem-me o que aconteceu, quem sabe possamos tirar algum aprendizado disso.

Os seis homens que tinham ido ao gabinete do administrador relataram como haviam usado a CNV de forma exemplar. Não falaram que consideravam o sistema opressivo. Pelo contrário, primeiro fizeram uma observação objetiva e clara dos fatos. Identificaram a lei que julgavam discriminatória por não permitir a contratação de determinadas pessoas.

A seguir expressaram seus sentimentos e necessidades – como lhes era doloroso serem excluídos, porque acreditavam que podiam exercer o trabalho, precisavam de emprego e de igualdade. Fizeram um pedido claro, dizendo exatamente quais mudanças gostariam de ver implementadas para terem oportunidade de serem contratados.

Depois descreveram como expressaram tudo isso e fiquei bastante satisfeito. Tinham assimilado o treinamento maravilhosamente. Haviam falado quais eram suas necessidades e pedidos de forma clara, e não usaram linguagem ofensiva. Disse a eles:

— Gostei do jeito que vocês se expressaram, mas o que ele respondeu?

— Ele foi muito gentil. Chegou até a nos agradecer por termos ido até lá. Falou que é muito importante, em uma democracia, que os cidadãos se pronunciem e que isso é incentivado na organização. Contudo, lamentava que, no momento, nosso pedido fosse inviável.

— E o que vocês fizeram?

— Fomos embora.

— Esperem um pouco – e a outra metade dos ensinamentos? Como traduzir o "burocratês" para o que estava no coração dele, seus sentimentos e necessidades? Qual era o posicionamento do ser humano em relação à proposta de vocês?

— O posicionamento dele era claro. Queria se ver livre de nós.

— Mesmo que isso seja verdade, o que estava se passando com ele? O que estava sentindo? Quais eram suas necessidades? Ele é um ser humano. O que aquele ser humano estava sentindo e do que precisava?

> *Devemos ouvir a mensagem do coração que está por trás do "burocratês".*

Eles esqueceram de ver a humanidade dele porque estava inserido em uma estrutura. Ele falou a linguagem da burocracia. Como dizia Walter Wink, organizações, estruturas e governos têm sua própria espiritualidade. E, dentro desses ambientes, as pessoas se comunicam de forma a apoiar essa espiritualidade.

A CNV nos mostra que, independentemente da estrutura, podemos transpor isso e enxergar o ser humano. Percebi que não os havia treinado o suficiente nesse sentido, então praticamos mais. Fizemos exercícios de decifrar as necessidades por trás da linguagem burocrática, ver o ser humano e criar uma conexão que aperfeiçoasse nossa habilidade de suscitar uma mudança social com aquela pessoa.

Depois de nosso treinamento específico, agendaram outra reunião com o administrador. Voltaram de lá encantados. Quando enxergaram o que havia por trás de suas mensagens, notaram que estava receoso. Ele partilhava das mesmas necessidades – não gostava do caráter discriminatório da lei – mas tinha outra necessidade: a de se proteger.

Sabia que seu chefe ficaria muito irritado com essa sugestão, por ser veementemente contrário à proposta deles. Para se proteger, não queria falar com o chefe e ajudá-los a fazer a mudança. Depois que o grupo entendeu essas necessidades, passaram a trabalhar juntos de forma a atender às necessidades de todos.

> Devemos trabalhar em conjunto de forma a satisfazer as necessidades de todos.

Assim, o administrador lhes deu as orientações necessárias para proceder às mudanças desejadas e eles atenderam à necessidade dele de proteção ao não revelarem quem os estava instruindo. No final, todos conseguiram a mudança almejada na estrutura.

Para uma mudança social eficaz, precisamos nos conectar com aqueles que enxergamos como inimigos dentro da estrutura e ouvir as necessidades humanas que eles corporificam. Depois devemos persistir em manter o fluxo de comunicação de modo a satisfazer as necessidades de todos.

> **EXERCÍCIO**
> *Pense em alguém com quem você gostaria de se conectar, mas que considera ser um inimigo. Qual é a primeira coisa que você fará para transformar esse conflito em conexão?*

FINANCIAMENTO PARA MUDANÇA SOCIAL

Não posso dizer que as coisas vão melhorar se mudarmos; o que posso afirmar é que elas têm de mudar para melhorarem.

Georg Lichtenberg

Outro projeto de mudança social com o qual trabalhei envolveu a gangue de rua já mencionada [ver p. 123]. O líder dessa gangue (zulus) achava que o meu treinamento, adaptado à sua cultura, poderia ser muito útil. Como disse anteriormente, trabalhamos alguns anos juntos auxiliando escolas a lidarem com o término da segregação racial nos Estados Unidos.

Uma coisa que queríamos fazer juntos era criar uma escola que mostrasse como os corpos docente e discente poderiam trabalhar em parceria para educar os alunos expulsos ou afastados das escolas, ao invés de ter professores tentando controlar os alunos.

Pensamos em começar com uma escola-modelo que demonstrasse como abordar esses alunos rejeitados de uma forma diferente da que normalmente era utilizada nas outras escolas. Depois usaríamos essa experiência para promover mudanças mais amplas no sistema educacional. Para a primeira etapa precisávamos arrecadar cinquenta mil dólares a fim de custear os professores e outras despesas do projeto.

Essa é outra parte muito importante da mudança social: como conseguir os recursos necessários. Aprendi uma valiosa lição com esse membro da gangue sobre como tirar o máximo de proveito em um curto período de tempo quando estamos empenhando esforços em mudança social.

Isso é muito importante, porque certamente é necessário valer-se de muita comunicação ao longo do processo de mudança social.

Portanto, além de falar a partir do coração, usando a linguagem da CNV, temos que ser breves e claros, e otimizar o uso do tempo – as chamadas janelas de oportunidade.

Esta é a lição que aprendi com meu amigo da gangue. Ele me disse:

— Por que não vamos até aquela fundação para a qual você tem feito alguns trabalhos... Eles dão dinheiro. Por que não pedimos a eles dinheiro para este projeto?

> *Precisamos ser breves e claros para otimizar o uso de períodos curtos de tempo.*

— Sim, adoraria que isso acontecesse, mas sei que no momento isso não é possível porque eles só aceitarão pedidos daqui a uns meses. Neste trimestre não dá mais. Além disso, para aprovarem nossa solicitação, precisaríamos apresentar uma proposta bem elaborada e agora não dispomos de tempo nem de recursos para isso.

— Sim, sim. Esse é um dos jeitos, mas você poderia marcar uma reunião?

— Acho que posso agendar um encontro com uma pessoa de lá.

— Então faça isso, e depois vamos falar com ela e arranjar o dinheiro.

— O que você vai fazer se eu conseguir marcar a reunião?

— Deixe comigo. Deixe comigo.

Telefonei e falei com a secretária:

— Aqui é o Dr. Rosenberg, estive aí no mês passado trabalhando com os administradores, e... posso marcar uma reunião com o presidente?

— Ele está bem ocupado, Dr. Rosenberg, mas vou ver e depois falo com o senhor.

Ela me ligou de volta:

— Podemos fazer um encaixe entre uma reunião e outra. Ele ficará feliz em recebê-lo, mas dispõe de vinte minutos apenas. Isso estaria bom para o senhor?

— Sim, obrigado.

A caminho da reunião, perguntei ao meu colega o que ele pretendia fazer durante os vinte minutos e ele repetiu:

— Deixe comigo. Deixe comigo.

Quando entramos, fiz as apresentações educadamente:

— Dr. X, este é meu colega Al. Al, este é o Dr. X.

Al aproximou-se dele, apertou-lhe a mão e disse:

— Oi, irmão. Onde está o dinheiro?

Eu tive vontade de bater na cabeça dele com uma vassoura, de tão envergonhado que fiquei por ele ter começado uma reunião formal daquele jeito. Minha abordagem habitual para solicitar financiamento teria sido levar uma proposta e uma apresentação gráfica para tentar documentar toda a valia de nosso projeto.

Mas esse homem começou de maneira oposta. Com efeito, ele estava dizendo: "Estamos aqui para arranjar dinheiro; o que você precisa saber para decidir se quer contribuir?" O presidente, educadamente, riu e perguntou:

— Que dinheiro?

— O dinheiro para a escola divertida – respondeu meu colega.

— Escola divertida... o que é isso?

— É uma escola que Rosenberg e nossa gangue estamos criando para mostrar que alunos expulsos de outras escolas conseguem ter um bom desenvolvimento, se forem tratados de forma diferente.

— Como será essa escola divertida?

Veja o que meu colega fez. Em vez de gastar nosso precioso tempo com o que achávamos que a outra pessoa precisaria saber, em seu próprio estilo cultural, Al começou essencialmente dizendo: "O que você precisa saber para nos dar

> *O que você precisa saber para nos dar o que viemos buscar?*

o que viemos buscar?" Deixou que a outra pessoa conduzisse a conversa. Saímos de lá com cinquenta mil dólares!

Desde que isso aconteceu, cerca de trinta anos atrás, tenho usado essa abordagem repetidas vezes nos meus esforços para mudança social. Não necessariamente no estilo cultural de Al, mas indicando, desde o início, que a outra pessoa pode me perguntar o que quiser para decidir se quer financiar o projeto.

Certa vez fiz isso com um comitê de cúpula formado por líderes governamentais e empresariais da Suécia. Meu colega e eu queríamos conversar com eles sobre o apoio para um projeto de mudança social. Foi meio difícil agendar uma reunião, mas eles acabaram disponibilizando vinte minutos. Meu colega e eu estávamos aguardando para entrar na reunião, quando uma secretária nos informou: "Dr. Rosenberg, desculpe, mas os membros do comitê me pediram que lhe dissesse que se atrasaram e, em vez dos vinte minutos reservados ao senhor, agora só terão cinco".

Certo, se eles só têm cinco minutos, mais uma razão para aplicar o que havia aprendido com meu colega Al. Então, comecei a reunião e propus exatamente o que eu tinha esperanças que viessem a aceitar – perguntei o que gostariam de saber para decidir, em cinco minutos, se concordariam em ajudar ou não. Eles ficaram fazendo perguntas por 45 minutos! Mesmo tendo disponibilizado cinco minutos, acho que foi melhor deixar que dissessem o que precisavam saber do que usar um montão de palavras sem serventia.

> Não devemos dar informações desnecessárias. É preferível criar um fluxo em que a outra pessoa nos diga o que precisa saber.

Essa é a outra aplicação da CNV para promover mudança social. Em nossas reuniões, podemos ser mais produtivos e não devemos dar informações desnecessárias. É preferível criar um fluxo em que a outra pessoa nos diga o que precisa saber para decidir se quer trabalhar conosco.

EXERCÍCIO

Na próxima vez que você estiver em uma reunião improdutiva, o que pode fazer para agilizá-la? (Dica: atente para observações, sentimentos, necessidades e pedidos claros!)

Capítulo 11
Lidando com conflitos e confrontos

*Pode-se garantir que um conflito foi solucionado segundo
os princípios da não violência, se não deixa nenhum
rancor entre os inimigos e os converte em amigos.*

M. K. Gandhi

O processo de mudança social, com certeza, envolverá alguns confrontos consideráveis. Aprendemos a usar a CNV quando temos de enfrentar pessoas que se opõem ao que desejamos, e que não sabem expressar seus sentimentos e necessidades. Em situações de enfrentamento precisamos aprender a ouvir os sentimentos e necessidades delas, independentemente de como estejam se comunicando.

Um exemplo disso foi o projeto de mudança social em Illinois – uma escola pública que havíamos criado e queríamos expandir o conceito para que todo o sistema funcionasse em harmonia com os mesmos princípios. Tinha sido bem difícil montar a escola, mas, depois de muita resistência, conseguimos recursos federais que viabilizaram o início do projeto.

> *Precisamos aprender a ouvir os sentimentos e necessidades das pessoas, independentemente de como estejam se comunicando.*

Contudo, depois de a escola estar funcionando por algum tempo, foram eleitos quatro novos conselheiros cuja plataforma de campanha baseava-se na deposição do diretor da escola. Isso ocorreu apesar de a escola ter sido bem-sucedida. Ela recebera um prêmio nacional de excelência educacional. Além do mais, o desempenho acadêmico tinha melhorado e o vandalismo diminuído.

Percebemos que, para esse projeto sobreviver, precisávamos conversar com as pessoas que se opunham veementemente ao que fazíamos. Não foi fácil conseguir uma reunião de três horas com o conselho da escola. Levamos dez meses para agendar o encontro. Eles não atendiam aos meus telefonemas, não respondiam às minhas cartas. Fui ao escritório deles e não me receberam.

Nesses dez meses, foi necessário encontrar alguém que tivesse acesso a eles, e lhe ensinar nossas habilidades para que tentasse marcar uma reunião. Ela finalmente convenceu o conselho a se reunir comigo e com o diretor da escola, mas sob uma condição: a imprensa não poderia inteirar-se, porque seria constrangedor para eles serem vistos com as pessoas que, durante a campanha eleitoral, haviam se comprometido a destituir.

Como a CNV me ajudou naquele ambiente? Primeiro precisei me trabalhar internamente, porque via os conselheiros como inimigos. Era difícil imaginá-los como seres humanos. Estava muito ressentido por causa das coisas que haviam falado a meu respeito.

> Precisei me trabalhar internamente porque tinha imagens de inimigos dos conselheiros.

A título de exemplo, um dos conselheiros era dono do jornal local. Ele escreveu um artigo em que dizia: "Vocês sabiam que o nosso 'querido' diretor" – grafou querido entre aspas, porque todos sabiam que ele odiava o diretor – "trouxe seu judeu novamente para fazer uma lavagem cerebral em nossos professores com o propósito de eles fazerem o mesmo com nossos alunos?" Essa era a única amostra que eu dispunha das coisas que esse homem havia dito, por isso tinha bastante trabalho interno para processar.

Eu também sabia que ele era o líder da John Birch Society, e eu tinha um juízo formado sobre as pessoas que integravam esse grupo. Precisei fazer um **trabalho que reconecta**, parte importante do processo de mudança social.

O trabalho que reconecta é um conceito de Joanna R. Macy, a quem admiro muito. Ela trabalha com mudança social. Segundo ela, é importante fazer o trabalho que reconecta porque espiritualidade e mudança social caminham lado a lado. Se tivermos uma espiritualidade boa e poderosa, as chances de alcançar nossos objetivos para promover mudança social aumentam.

ENXERGANDO O SER HUMANO QUE ESTÁ DO OUTRO LADO DA MESA

> *A compaixão não é algo religioso; é algo humano; não é um luxo; é essencial para a nossa própria paz e estabilidade mental; é essencial para a sobrevivência humana.*
>
> O Dalai Lama

O trabalho que reconecta foi assim: reuni-me com os colegas do projeto na noite anterior ao encontro e lhes disse: "Vai ser difícil para mim enxergar esse homem (o dono do jornal) como um ser humano na reunião de amanhã. Tenho tanta raiva que preciso fazer um trabalho interno".

Minha equipe ouviu empaticamente o que estava se passando comigo. Tive essa oportunidade maravilhosa de expressar meu sofrimento e de ser compreendido. Eles ouviram os meus sentimentos: a raiva e depois, por trás dela, o medo de não conseguirmos fazer com que os conselheiros se conectassem conosco de uma forma que beneficiasse a todos.

Levou três horas para fazer esse trabalho porque eu sentia uma dor profunda e muito desespero. Numa parte do tempo fizemos o que pedi aos meus colegas: "Alguém que já o viu falar poderia encenar o papel dele comigo? Gostaria de tentar enxergar sua humanidade, ouvindo o jeito de ele falar."

Nunca o tinha visto, mas meus colegas já, e me mostraram como ele se comunicava. Trabalhei duro para ver sua humanidade e afastar a imagem de inimigo. Fiquei feliz de termos feito isso, porque, no dia seguinte, indo para a reunião, ele e eu passamos pela entrada ao mesmo tempo. A primeira coisa que ele me falou foi: "Isto é uma perda de tempo. Se você e o diretor querem ajudar esta comunidade, vão embora".

> O trabalho que reconecta foi crucial.

Minha primeira reação foi querer agarrá-lo e dizer: "Olha aqui, vocês se comprometeram a vir a esta reunião e..." Respirei fundo. Graças ao trabalho que reconecta da noite anterior, consegui ter mais controle sobre meus sentimentos e tentei me conectar com sua humanidade. Então, esta foi minha resposta:

— Parece que você não tem muitas esperanças de que tenhamos uma reunião proveitosa.

Ele pareceu meio surpreso de eu tentar ouvir seus sentimentos. E confirmou:

— Isso mesmo. O projeto de vocês é prejudicial para esta comunidade. Essa filosofia permissiva de deixar que as crianças façam o que bem entendem é ridícula.

De novo, tive que respirar fundo, porque fiquei frustrado ao ver que ele interpretava isso como permissividade. Mostrou-me que não tínhamos dado informações claras sobre o nosso projeto. Do contrário, saberia que havia regras e regulamentos que não tinham sido concebidos para seguir o modelo punitivo ou para serem administrados por autoridades; mas eram resultado de um trabalho conjunto entre os professores e alunos da comunidade.

Tive vontade de interrompê-lo e me defender, mas respirei profundamente e, graças ao trabalho que reconecta, pude enxergar sua humanidade e falei:

— Vejo que você gostaria que houvesse um reconhecimento da importância da disciplina nas escolas.

Ele me olhou de um jeito estranho e concordou:

— É isso. Vocês são um perigo. Tínhamos ótimas escolas nesta comunidade antes de vocês virem para cá.

Minha reação imediata foi a de querer lembrá-lo de toda a violência e do baixo desempenho acadêmico que haviam sido constatados nas escolas. Mas respirei fundo novamente e disse:

— Então, parece que há muitas coisas nas escolas que você deseja apoiar e proteger.

A reunião transcorreu muito bem. Ele **realmente** se expressava de um jeito que poderia facilmente resgatar a imagem de inimigo, mas ao continuar ouvindo o que estava vivo nele e ao tentar me conectar de modo respeitoso com suas necessidades, percebi que ele ficou mais aberto a nos ouvir e compreender. Saí da reunião bastante otimista.

Voltei ao meu hotel muito satisfeito. O telefone tocou. Era ele: "Desculpe pelas coisas que falei de você no passado. Acho que não tinha entendido bem o seu projeto. Gostaria que me contasse como você o concebeu e de onde vieram suas ideias". E assim por diante.

> Continuei ouvindo o que estava vivo nele, e tentei me conectar respeitosamente com suas necessidades.

Conversamos ao telefone como irmãos por quarenta minutos. Respondi a todas suas perguntas e expressei meu entusiasmo pelo projeto da escola.

Mais tarde, meus colegas me levaram ao aeroporto, para eu voltar para casa. Durante todo o trajeto não parei de falar sobre meu contentamento: "Isso corrobora os nossos ensinamentos. Se enxergarmos os outros como seres humanos, podemos nos conectar com quem quer que seja!" Estava tão feliz! O acontecido reforçou minhas esperanças de mudança social, e provou que se conseguimos suplantar a imagem de inimigo podemos nos conectar com qualquer pessoa. Em seguida, contei-lhes como havia sido o telefonema.

No dia seguinte um membro da equipe me ligou: "Marshall, tenho más notícias. Deveríamos tê-lo avisado. Uma das táticas desse homem é gravar as conversas telefônicas, cortar parte das gravações e usá-las para ridicularizar as pessoas em seu jornal. É um velho truque dele. Deveríamos ter feito essa advertência".

Não sabia quem eu queria matar primeiro: a mim ou a ele. A mim, por ser tão ingênuo de confiar em alguém assim, por achar que poderia mudá-lo; a ele, por ser desse jeito. Fiquei desacorçoado. Antes que eu notasse, estava reagindo como se ele já tivesse feito isso comigo. Porém, o fato é que **ele não fez isso comigo**. E na reunião subsequente do conselho, votou a favor do nosso programa, mesmo depois de ter sido eleito para acabar com ele.

Essa foi uma importante lição sobre projetos de mudança social. Aprendi que precisei de três horas para sair da imagem de inimigo – para lidar com meu sofrimento e o receio de não dar conta de promover a mudança desejada – e chegar a um lugar onde conseguisse enxergar os outros como seres humanos. E levei cinco segundos no dia seguinte para perder tudo isso com base em um rumor.

> *Para mim, uma conexão contínua com a energia espiritual é parte essencial da mudança social.*

Para mim, uma conexão contínua com a energia espiritual é parte essencial da mudança social, e acredito que essa deva ser a sua motivação. Isso acontece quando enxergamos a beleza daquilo em que acreditamos e não a suposta feiura dos vilões que intentamos dominar.

TRANSFORMANDO CONFLITOS EMPRESARIAIS

Uma discussão é a maior distância entre dois pontos de vista.

Dan Bennett

Com frequência sou convidado a mediar conflitos na esfera empresarial. Empresas de todo o mundo enfrentam problemas de brigas internas e discussões entre seus funcionários. Usamos a CNV para ensiná-las a lidar com esses conflitos. Fui convidado a mediar em uma empresa suíça que há quinze meses tinha um embate dentro de um de seus departamentos. Falavam a respeito quase que diariamente. Tinha a ver com a escolha do software que desempenharia uma determinada função. Mas isso não era pouca coisa – envolvia um investimento de dezenas de milhares de dólares, de tempo e de outras coisas, para migrar do software atual para o novo.

Havia dois grupos rivais, o mais jovem e o mais antigo. Comecei dizendo:

— Quem quiser começar, gostaria de saber que necessidades suas não estão satisfeitas nesta situação. Se conseguirmos identificar e expressar as necessidades de todos, tenho certeza de que encontraremos estratégias para atendê-las plenamente. Quem quer começar?

Depois da segunda palavra de um membro do grupo mais antigo, entendi por que as necessidades estavam desatendidas. Pedi uma necessidade e esta foi a resposta:

— Acho que só porque uma coisa nova aparece, não significa que é eficaz.

Ele prosseguiu, de maneira prolixa, expondo pensamentos que justificavam o fato de algo novo não ser necessariamente bom. E deu vários exemplos. Observei membros do outro lado olhando para o teto, pois fazia quinze meses que ouviam a mesma história.

Como estávamos na Suíça, eles aguardaram até o final para se manifestarem. (Um aparte: prefiro, sob certos aspectos, trabalhar com o Oriente Médio. Lá, todos falam ao mesmo tempo, fazendo que tenhamos a mesma discussão improdutiva na metade do tempo! Por outro lado, talvez seja porque esse sempre foi o jeito da minha família. Na história da minha família, faz séculos que ninguém consegue terminar uma frase.) De qualquer forma, como estávamos na Suíça, o outro grupo esperou que ele terminasse e então um membro do grupo mais jovem disse:

— Concordo plenamente com meu estimado colega sobre o fato de que só porque etc. etc. etc. ... Mas eu acho que... – e continuou.

Deixei isso transcorrer por um tempo, e perguntei:

— Alguém está achando esta reunião produtiva?

Ninguém se manifestou. Estava claro para mim que havia necessidades e sentimentos profundos por trás daquelas falas. De fato, com minha ajuda, o grupo mais antigo expressou que estava ressentido, porque a grande contribuição do software desenvolvido por eles nunca fora reconhecida.

Em muitas das organizações com as quais trabalhei, as pessoas não expressam seus sentimentos. Ninguém se importa com o que sentimos ou necessitamos. O foco é a produção. Mas quando não falamos sobre nossos sentimentos e necessidades, quando nos dedicamos apenas a discussões intelectuais, acabamos como essa empresa: usando o tempo de forma improdutiva por não investigar a raiz do problema.

O pessoal mais antigo estava realmente sentido. Não houvera nenhum reconhecimento pelo que eles haviam desenvolvido. Tive que ajudá-los, desenterrando isso. Não foi fácil porque, nesse contexto, as pessoas têm receio de revelar seus sentimentos e necessidades.

É comum me dizerem o que veio a seguir:

— Não podemos expressar nossos sentimentos aqui. Eles acabam com a gente. Pensam que somos fracos.

Contudo, consegui fazer com que um grupo concordasse que estavam ressentidos porque sua necessidade de reconhecimento não estava sendo atendida. Disse ao outro grupo:

— Alguém aqui poderia repetir isso para eu ter certeza de que foi entendido?

— Nós entendemos, mas ...

— Espere. Por favor, repita o que ele disse.

— Bem, eles pensam...

— Não, não. Não os pensamentos. O que eles estão sentindo e necessitando?

Não foi fácil. Eu realmente tive que auxiliá-los a ouvir somente a humanidade do outro lado. Logo depois, pedi que o lado mais jovem expressasse seus sentimentos e necessidades. Eles receavam que, pelo fato de serem jovens, o novo produto não fosse utilizado. E estavam confiantes de que ele ajudaria. Achavam que o conhecimento deles não era respeitado porque eram jovens. Solicitei ao outro grupo que ouvisse aquilo. A partir daí, levamos menos de uma hora para resolver esse conflito de quinze meses.

TRANSFORMANDO A CULTURA EMPRESARIAL

A qualidade de uma organização nunca é maior do que a qualidade das mentes que a integram.

Harold R. McAlindon

Em muitas empresas não é fácil fazer com que as pessoas se expressem no nível das necessidades e dos sentimentos. Além disso, elas não reconhecem o que o teólogo Walter Wink diz ser importante saber – que cada instituição, cada organização tem sua própria espiritualidade. Quando a espiritualidade da organização é "produção acima de tudo", essa é a única coisa que vale. Sentimentos humanos, necessidades humanas, humanidade não são importantes. Quem acaba pagando por isso é a própria empresa, pois se os funcionários tivessem seus sentimentos e necessidades compreendidos, o moral e a produção melhorariam.

Outra coisa que ensinamos nas empresas é esta: como fazer avaliações de desempenho que não critiquem os funcionários quando estes não fazem o que os supervisores gostam. Essa orientação também vale para professores e pais quando expressarem uma avaliação. Estava explicando isso aos gerentes de uma empresa, e comecei falando sobre como fazer observações objetivas – como fazer com que as pessoas enxerguem quais comportamentos delas nos desagradam. Em seguida, perguntei:

— Por exemplo, para nossa prática de hoje, que comportamentos dos funcionários vocês consideram problemáticos?

— Algumas pessoas não respeitam os superiores – respondeu um deles.

— Espere um pouco. Você acaba de fazer o que eu chamaria de **diagnóstico**. Estou perguntando o que eles fazem. Se disser a eles que são desrespeitosos, é provável que tenham uma reação defensiva. Se é assim que você os vê, assim eles serão. Para melhorar o desempenho, eu sugiro que, ao fazer uma avaliação, você comece com uma observação objetiva.

Ele não conseguiu.

— Estou trabalhando com funcionários preguiçosos – arriscou outro gerente.

— Desculpe, mas isso também é um diagnóstico. Não responde à minha pergunta sobre o que eles **fazem**.

— Nossa, Marshall. Isso é difícil – concluiu um deles, no final.

Como já comentei, Krishnamurti diz que a capacidade de observar sem julgar é a forma mais elevada da inteligência humana.

Quando eu estava mostrando como fazer observações, um dos gerentes se levantou e literalmente saiu correndo da sala. Na manhã seguinte veio se desculpar pela saída abrupta:

— Sabe quando você estava nos ensinando a fazer avaliações de desempenho, a fazer observações objetivas e a não usar expressões que soem como crítica...? Bom, o motivo de eu ter ido embora em disparada foi que ontem, antes de vir ao treinamento, pedi à minha secretária que digitasse minhas avaliações. Nos primeiros vinte minutos da sua aula percebi por que tenho tido pesadelos na época das avaliações de desempenho. Perco o sono quando esse período se aproxima, pois sei que um número significativo de funcionários vai se ressentir e ficar com raiva, o que só vai piorar a situação. Você me mostrou rapidinho que eu estava confundindo observação com avaliação. Por isso, corri para resgatar as avaliações antes que minha secretária as digitasse.

Continuou:

— Fiquei até duas da manhã tentando expressar de forma clara o que os funcionários fazem que me desagrada, sem diagnósticos ou críticas.

QUANDO AS PESSOAS NÃO QUEREM SE ENCONTRAR

A liderança tem uma tarefa mais difícil do que simplesmente escolher um lado. Ela tem de unir os lados.

Jesse Jackson

O que acaba sendo o maior desafio no processo de mudança social é conseguir reunir as partes envolvidas em uma mesma sala – seja em famílias, empresas ou governos. Essa é, com certeza, a maior dificuldade.

Por exemplo, eu estava trabalhando em um resort na Suíça no qual os gerentes da cozinha estavam tendo um conflito com os gerentes de outro setor. O proprietário do resort queria uma sessão de mediação com as duas partes, mas elas simplesmente se recusaram. Então, reuni-me com um dos gerentes de um dos departamentos e encenei o papel de uma pessoa da outra área, usando a CNV. Ouvi empaticamente o que ele tinha a dizer. Expressei, sem qualquer julgamento, o meu entendimento das necessidades de sua área.

Gravamos a conversa e, com seu consentimento, mostrei a gravação à outra parte. Fiz o mesmo com o outro lado. Procedi dessa forma só para ver se conseguia convencê-los a se encontrarem para dialogar, mas isso bastou para resolver o conflito. Nada disso teria acontecido se eu não tivesse recorrido a um jeito criativo de "reuni-los na mesma sala".

Capítulo 12
Gratidão

A gratidão desbloqueia a plenitude da vida.
Transforma o que temos em suficiente, e mais.
Transforma negação em aceitação, caos em ordem,
confusão em clareza. Pode transformar uma refeição em um
banquete, uma casa em um lar, um estranho em um amigo.
A gratidão dá sentido ao nosso passado, traz paz ao hoje
e cria uma visão para o amanhã.

Melody Beattie

A gratidão é uma parte vital da mudança social e também é importante porque ajuda a sustentar o tipo de consciência espiritual que a CNV tenta fomentar. Expressar e receber gratidão de um determinado modo nos dá muita energia para sustentar os esforços que empenhamos por mudanças sociais. Essa forma de expressar gratidão também nos auxilia a enxergar a beleza na possibilidade da mudança, ao invés de colocarmos o foco em tentativas para combater as forças do mal.

    A primeira vez que tive uma boa mostra da importância da gratidão foi quando trabalhei com um poderoso grupo de feministas no Iowa. Eu admirava o trabalho delas e me senti honrado por desejarem que lhes mostrasse como a CNV poderia ajudá-las a promover mudança social. Porém, uma coisa estava me deixando meio desconfortável ao longo dos três dias que fiquei com elas. Elas paravam algumas vezes por dia para expressar gratidão, para celebrar tudo que queriam celebrar. Naquela época, estava tão preocupado com o tanto de coisas que precisava ser feito no mundo, que era muito frustrante para mim ter que parar uma reunião só para agradecer. Havia tanto racismo, sexismo e tantas questões que era mister mudar, e eu estava tão absorto no que precisava ser feito, que não tinha muito espaço para agradecimentos.

Então, na terceira noite, após o término de nosso trabalho, estava jantando com a líder do grupo e ela me perguntou:

— O que achou de trabalhar com a nossa organização?

— Admiro muito o que vocês estão conseguindo conquistar. Foi um prazer ter vindo para cá. Uma coisa que foi um pouco difícil para mim, contudo, foi a frequência com que vocês paravam para expressar gratidão. Não estou acostumado a isso.

— Fico feliz de você ter mencionado isso, Marshall. Eu queria mesmo falar a esse respeito. Não é inquietante quando um movimento de mudança social se preocupa tanto com as coisas horríveis do mundo, que acaba agindo a partir **dessa** energia, ao invés de lembrar-se constantemente do lado belo da vida? Essa é a razão pela qual celebramos a gratidão no nosso movimento. Mesmo sabendo que há muito a fazer, paramos e agradecemos por qualquer coisa que esteja ajudando a nossa causa.

Aquilo me fez pensar sobre o quanto minha mente tinha sido moldada pela situação crítica das coisas e o quanto havia por fazer. Isso estava criando um ser bem assustador dentro de mim. Daquele dia em diante, nos últimos trinta anos, tenho trabalhado bastante para desenvolver a expressão de gratidão dentro do treinamento da CNV. Vemos como ela mantém nossa vida em harmonia com nossos valores espirituais. Quanto mais expressamos e recebemos gratidão de uma determinada forma, mais nos lembramos da espiritualidade que a CNV tenta apoiar.

Como já comentei, a espiritualidade que abraçamos é esta: tornar as pessoas conscientes momento a momento de que nosso propósito na vida vem da partilha, da cooperação compassiva, do serviço compassivo. Não há nada mais maravilhoso que exercer nosso poder servindo à vida. Utilizar nossos esforços para servir à vida é manifestar a energia divina que temos dentro de nós, e essa é a nossa maior alegria.

ELOGIOS E PARABÉNS COMO JULGAMENTOS PREJUDICIAIS

> Quando duas pessoas se relacionam de maneira autêntica e humana, Deus é a eletricidade que se manifesta entre eles.
>
> Martin Buber

Mostramos às pessoas como expressar e receber gratidão na CNV, de modo que nos ajude a permanecer em harmonia com a espiritualidade baseada no propósito de servir à vida. Isso significa que devemos nos conscientizar de que fomos ensinados a expressar gratidão de uma forma completamente contrária àquilo que apoia esse tipo de espiritualidade. Na CNV a proposta não é elogiar nem parabenizar. Na minha opinião, dizer a alguém que fez um bom trabalho, ou que é uma boa pessoa, ou que é competente... isso ainda é fazer julgamentos moralistas. É criar um mundo diferente daquele que Rumi menciona – onde há um lugar para além do certo e do errado. A linguagem que usamos para elogiar e parabenizar é do mesmo **tipo** que utilizamos para dizer a alguém que é malvado, burro ou egoísta.

Propomos que julgamentos positivos são tão desumanizadores quanto os negativos. Também acreditamos ser destrutivo dar feedback positivo como recompensa. Não devemos desumanizar as pessoas parabenizando-as ou elogiando-as. Quando digo isso a gerentes de empresas ou a professores, via de regra ficam chocados. Com certeza passaram por treinamentos que ensinam que parabenizar e elogiar funcionários ou alunos diariamente incrementa o desempenho. Costumo esclarecer que isso de fato se aplica para a maioria dos funcionários e alunos, todavia, por um curto período de tempo. Só funciona até perceberem a manipulação, até verem que não é verdadeiro, que não vem do coração. Quando se dão conta disso, o nível de produção tende a cair.

Para saber mais sobre a violência das recompensas e entender por que é similar à violência das punições e tão perigosa quanto esta, recomendo o livro de Alfie Kohn, *Punidos pelas recompensas*.

Tanto a punição como o elogio são meios de controlar as pessoas. Na CNV, queremos ter mais poder **com** as pessoas, e não sobre elas.

EXPRESSANDO GRATIDÃO COM A CNV

> *Em nosso dia a dia, devemos ver que não é a felicidade que nos deixa gratos, mas a gratidão que nos deixa felizes.*
>
> Albert Clarke

Como expressar gratidão na CNV? Primeiro, o mais importante é a intenção: celebrar a vida, nada mais. Não estamos tentando recompensar a outra pessoa. Queremos que saiba como ela enriqueceu a nossa vida. Essa é a nossa intenção. Para expressar de maneira explícita como nossa vida foi enriquecida, precisamos dizer três coisas que não são evidenciadas quando parabenizamos e elogiamos:

- Primeiro, devemos dizer à pessoa qual foi a ação que enriqueceu a nossa vida e pela qual somos gratos.
- Depois, devemos expressar como nos sentimos, que sentimentos estão vivos como resultado do que ela fez.
- Por último, devemos falar quais necessidades nossas foram satisfeitas com a ação dela.

Certa vez, não consegui passar claramente o conteúdo deste tema a um grupo de professores com quem estava trabalhando, porque o tempo havia se esgotado. Ao final, uma professora veio expressar sua gratidão, com brilho nos olhos:

— Você é um gênio!
— Isso não me diz nada.
— Como?
— Falar o que sou não me diz nada. Já me chamaram de um monte de coisas em minha vida. Algumas positivas, outras nem tanto. Não me lembro de ter aprendido nada valioso quando as pessoas me contam o que sou. Não acredito que alguém aprenda. Mas pelo seu olhar, posso ver que você deseja expressar gratidão.
— Sim – confirmou, parecendo um pouco confusa.
— E eu quero receber sua gratidão, porém dizer o que sou não adianta.
— Mas, então, o que você quer que eu diga?
— Lembra do que expliquei hoje no workshop? Preciso ouvir três coisas. Primeiro, o que eu fiz para tornar sua vida mais maravilhosa?

Ela pensou um pouco e disse:
— Você é tão inteligente.
— Não, isso também é um diagnóstico sobre mim. Não me mostra o que eu fiz. Teria um feedback mais esclarecedor se soubesse concretamente que ação minha enriqueceu, de alguma forma, a sua vida.
— Ah... entendi – abriu seu caderno e me mostrou duas anotações que estavam realçadas com dois grandes asteriscos.
— Você disse estas duas coisas.
— Sim, isso me ajuda a saber como contribuí. Agora gostaria de saber como isso a faz sentir neste momento.
— Oh, Marshall. Estou tão aliviada e esperançosa!
— Certo. Para finalizar, que necessidades suas foram atendidas com essas duas coisas?
— Marshall, nunca consegui me conectar com meu filho de dezoito anos. Nós só brigamos. Precisava de uma orientação clara para me conectar com ele. Essas que você deu satisfizeram

minha necessidade de ter uma orientação concreta.

— Obrigado por ter ficado e mostrado de que modo a ajudei. Dá uma satisfação bem maior saber objetivamente o que fiz.

Dá para perceber a diferença entre ouvir essas três coisas e ouvir o que a pessoa acha de mim? É assim que expressamos gratidão na CNV.

COMO RECEBER GRATIDÃO

Sejamos gratos às pessoas que nos fazem felizes; elas são os amáveis jardineiros que fazem nossa alma florescer.

Marcel Proust

Agora gostaria de mostrar como receber gratidão na CNV. Em vários países, notamos que as pessoas têm muita dificuldade em receber gratidão, porque lhes ensinaram que devem ser humildes e não devem se considerar dignas de receber o que for.

Por exemplo, as pessoas que falam inglês. Geralmente parecem assombradas quando lhes expressamos nossa gratidão. Respondem: *Oh, it's nothing. It's nothing. It's nothing.* [Ah, não foi nada...] Os que falam francês, espanhol, sueco também se expressam assim. Tenho perguntado às pessoas de todo mundo: "Por que é tão difícil receber gratidão?"

Eis o que me respondem: "Não achei que merecesse". É o terrível conceito do **merecimento**. Temos que fazer por merecer. Fica difícil até para receber gratidão, se temos que nos preocupar com o merecimento.

Às vezes me dizem: "Qual é o problema em ser humilde?" Respondo: "Depende do que você entende por humilde. Há diferentes tipos de humildade. Tem um tipo que considero lamentável, porque nos impede de ver o nosso poder, a nossa beleza".

Gosto do jeito que a ex-primeira-ministra de Israel, Golda Meir, falou com um de seus ministros sobre a falsa humildade: "Não seja tão humilde, você não é tudo isso". Acho que o principal motivo de ser tão difícil receber gratidão está bem explicado em Um curso em milagres (publicado pela Foundation for Inner Peace), que diz que é a nossa luz, e não a nossa sombra, o que mais nos assusta.

Infelizmente, há muito tempo, vimos sendo educados num mundo de julgamentos moralistas, de justiça retributiva, de punição, recompensa e merecimento. Internalizamos essa linguagem de julgamentos, e dentro dessa estrutura é difícil permanecer conectado com a beleza que se tem.

A CNV nos auxilia a ter coragem de enfrentar o poder e a beleza que existem dentro de cada um de nós.

Capítulo 13
Resumo
Considerações finais

O ser humano deve desenvolver, para todos os seus conflitos, um método que rejeite a vingança, a agressão e a retaliação. A base desse método é o amor.

Martin Luther King Jr.

RESUMO — CONSIDERAÇÕES FINAIS

Neste livro tratamos da criação da paz a partir da conexão com a vida em três níveis e mostramos como aprender a fazê-lo:

- Primeiro, no nível intrapessoal, conectando-se com a vida dentro de nós para aprendermos com nossas limitações, sem culpar-se ou recriminar-se. Nosso treinamento mostra às pessoas como ficar em paz consigo mesmas. Sem isso, não tenho muita esperança de que possamos nos relacionar pacificamente com o mundo.
- Depois, no nível interpessoal, criando conexões que enriquecem a vida e permitem que a entrega compassiva aconteça de maneira natural.
- Por último, no nível sistêmico, transformando estruturas: empresas, sistemas judiciários, governos e outras organizações que não favorecem a criação de conexões pacíficas que enriquecem a vida de todos.

Nosso treinamento mostra como podemos proceder conosco, com os outros e com estruturas para apoiar e criar uma entrega compassiva.

É importante perceber que precisamos de um sistema econômico diferente do que temos agora, dentro e fora dos Estados Unidos. Recomendo a leitura dos livros O *mundo pós-corporativo – Vida após o capitalismo* e *Quando as corporações regem o mundo*, de David Korten, bem como *Capitalismo natural*, de Paul Hawken, e a obra de Margaret Wheatley. Há outros sistemas econômicos possíveis – sistemas que podem aumentar a paz e proteger este planeta. Almejo, fervorosamente, que as pessoas vejam que esses sistemas estão ao nosso alcance e que se juntem a nós nesse propósito.

Seria muito bom também que todos se familiarizassem com a Justiça Restaurativa. Nosso sistema judiciário é catastrófico. Acaba criando mais violência em vez de preveni-la e, ainda assim, as pessoas acham que estamos limitados a duas únicas escolhas: a anarquia ou o nosso sistema atual. Pensam que se não matarmos e punirmos as pessoas, teremos anarquia. Os sistemas judiciários baseados na Justiça Restaurativa seriam uma opção mais poderosa e mais segura para todos nós.

Em resumo, gostaria que todo o mundo se familiarizasse com duas coisas:

- Sistemas econômicos radicalmente diferentes.
- Sistemas judiciários diferentes dos que geram, atualmente, tanto sofrimento em nosso planeta.

Como Teilhard de Chardin, acredito que um mundo pacífico não só é possível, como é inevitável. Acho que estamos evoluindo para isso. Sem dúvida, pelo fato de ser paleontólogo, ele era bem paciente – previa que isso levaria milhares de anos. Não desconhecia a violência que nos assola, mas a via como um mero entrave no caminho da evolução. Ele via a nossa evolução e eu também a percebo, mas não sou tão paciente quanto ele. Não quero ter que esperar milhares de anos, por isso tenho interesse em saber como podemos acelerar esse processo. Estou convicto de que é inevitável e que (a menos que destruamos o nosso planeta antes disso) estamos caminhando nessa direção.

Eu e meus associados do Centro de CNV continuaremos a ministrar estes ensinamentos para que as pessoas possam criar um mundo interior que apoie e sustente um mundo exterior de paz. Fazemos isso porque desejamos que as pessoas consigam criar paz em seus relacionamentos, e também conheçam o poder que têm para construir estruturas que promovam interações compassivas, trocas compassivas de recursos e uma justiça compassiva.

Bibliografia

Baran, Josh (ed.). 365 Nirvana Here and Now: Living Every Moment in Enlightenment. Thorsons/Element, 2005.

Domhoff, G. William. Who Rules America? Power and Politics. McGraw-Hill; 4ª edição, 2001.

Hawken, Paul. Natural Capitalism: Creating the Next Industrial Revolution. Back Bay Books, 1ª edição, 2000. [Capitalismo natural – Criando a próxima Revolução Industrial. São Paulo: Cultrix, 2000.]

Katz, Michael B. Class, Bureaucracy, and Schools: The Illusion of Educational Change in America. Praeger Publishers, 1975.

Kohn, Alfie. Punished by Rewards: The Trouble with Gold Stars, Incentive Plans, A's, Praise, and Other Bribes. Mariner Books, 1999. [Punidos pelas recompensas. São Paulo: Atlas, 1998.]

Korten, David. The Post-Corporate World: Life After Capitalism. Berrett-Koehler Publishers; 1ª edição, 2000. [O mundo pós-corporativo: A vida após o capitalismo. São Paulo: Vozes, 2002.]

Korten, David. When Corporations Rule the World. Berrett-Koehler Publishers; 1ª edição, 2000. [Quando as corporações regem o mundo. São Paulo: Futura, 1986.]

Macy, Joanna R. e Brown, Molly Y. *Coming Back to Life: Practices to Reconnect Our Lives, Our World.* New Society Publishers, 1998.

Szasz, Thomas. *The Myth of Mental Illness: Foundations of a Theory of Personal Conduct.* Perennial Currents, 1984. [*O mito da doença mental.* São Paulo: Círculo do Livro, 1980.]

Wheatley, Margaret J. *Finding our Way: Leadership for an Uncertain Time.* Berrett-Koehler Publishers, 2002. [*Liderança para tempos de incerteza: A descoberta de um novo caminho.* São Paulo: Cultrix, 2007.]

Wheatley, Margaret J. *Turning to One Another: Simple Conversations to Restore Hope to the Future.* Berrett-Koehler Publishers, 2002. [*Conversando a gente se entende: Solução simples para restabelecer a esperança de um futuro melhor.* São Paulo: Cultrix, 2003.]

Wink, Walter. *The Powers That Be.* Galilee Trade, 1999.

Índice remissivo

365 *Nirvana Here and Now* (Baran), 93

A
A linguagem da paz, visão geral, 21-23
Afiliação religiosa e compaixão, 26-27
Agora, cura no, 83-84, 91-92
Alfabetização em CNV, 43-44, 46-49, 50-52
Análise *versus* empatia, 92
Aprendizado e reconhecimento de necessidades não atendidas, 80-85; ver também educação
Arrependimento por erros, 79-83
Autoempatia pelos erros, 78-83
Avaliação de desempenho, 170-171
Avaliação *versus* observação, 43-46, 170-171

B
Baran, Josh, 93
Beleza: das necessidades do outro, 100; dos objetivos de mudança social, 166, 175-176
Bom e mau como conceitos, 29, 80, 118
Bom *versus* mau, mito sobre, 29, 117-118

C

Capitalismo natural (Hawken), 186
Causa *versus* estímulo dos sentimentos, 49
Class, Bureaucracy, and Schools (Katz), 120-121
CNV, visão geral, 24-31, 89-90, 102, 103, 185, 199-200
Comiseração *versus* empatia, 91-92
Comportamento: descrever o, 43-46, 170-171; incentivando mudanças de, 108-112, 185; necessidades como base do, 22-23, 76-78, 80-83, 84-85
Compreensão empática, 91-92
Compreensão intelectual *versus* empatia, 91-92, 95
Comunicação não verbal com os outros, 101-102
Comunicação Não Violenta, visão geral, 24-31, 89-90, 102-103, 185, 199-200
Conexão empática: com terroristas, 138-139; consigo, 78-83; descrição, 91-92; para incentivar mudanças, 108-109, 112; respondendo a mensagens dos outros, 89-95, 99-104, 113-114, 131-138, 151-152, 164-165; ver também efeito curativo da CNV
Conexão por contato visual, 102
Consciência de necessidades, 117
Coração, doar-se a partir do, ver doar-se compassivamente
Corporações multinacionais: como gangues, 118, 121-122; mudança social em, 139-141
Crianças, ensinando CNV para, 122-123
"Criminosos", incentivando mudanças em, 107-108
Culpa: como motivador, 43-44, 49-50, 62-63, 74-75; e necessidades não atendidas, 82, 135-138, 139; e pedido de desculpa, 84-85; internalizada, 74-75, 80, 92-93
Cura, ver efeito curativo da CNV
Curso em milagres, Um, 181
Curva de aprendizado da CNV, 103-104

D

Depressão e culpa autoimposta, 74-75, 78, 80
"Desculpe-me", 84-85
"Deveria", 64-65, 78
Diagnóstico: como expressão de sentimentos e necessidades, 51-52, 84-85; *versus* observação, 43-46, 170-171
Diferenças culturais resolvidas através da CNV, 93-94
Discordância em resposta a pedidos, 61-63
Disputas religiosas, trabalho de cura com CNV, 94-95, 134-138

Doar-se compassivamente ou a partir do coração: afiliação religiosa e, 26-27; como propósito da CNV, 58, 89-90; e a natureza humana, 27-28, 65, 176; e conexão empática, ver conexão empática; elogios e parabéns, 177-178
Doença mental e educação, 79
Domhoff, G. William, 119

E

Educação: ciclos de reforma da, 120-121; como fonte de violência, 28, 38, 74-75, 117-118; doença mental e, 79; que apoia estruturas baseadas na autoridade, 118-119, 121-122; ver também estruturas baseadas em autoridade; aprendizado; escolas

Efeito curativo da CNV: em campos de refugiados, 100-102; em casos de estupro, 94-95, 113-114; encenando o papel, 84-85, 94-95, 132-134, 164, 172; nos presídios, 110-114; o poder da presença no, 83-84, 91-92; ver também conexão empática

Elogios, 177-178

Empresas, ver corporações multinacionais; negócios

Encenar papel no trabalho de cura com CNV, 84-85, 94-95, 132-134, 163-164, 172

Energia divina: conexão na prática da CNV, 63-65, 89, 100-101; de empatia, 93

Energia espiritual por trás das mudanças sociais, 166

Entrega compassiva, ver doar-se compassivamente

Equipes, formação de equipe para transformação social, 147-156

Erros: ao identificar necessidades não atendidas, 76-78; autoculpabilização e, 74-75; autoempatia por, 78-83

Escolas: avaliação de desempenho, 170-171; tática para conseguir financiamento, 153-156; transformação social nas, 148; uso de elogio e parabéns nas, 177-178; utilização de CNV nas, 44-45, 99-100, 122-123; ver também educação; aprendizado; autoempatia por erros

Escolas de CNV, 102, 122

Escolhas: em resposta a mensagens dos outros, 92-93; necessidades e, 78; *versus* "obrigação", 64-65

Escuta ativa, ver conexão empática

Escutar os outros, ver conexão empática

Espiritualidade das organizações, 151, 170

Estímulos *versus* causas de sentimentos, 49

Estruturas baseadas em autoridade: mudança para estruturas baseadas em CNV, 119-121; programação de, 29, 38, 44, 74-75, 117-122; ver também educação

Estupro, efeito curativo da CNV em incidentes de, 94-95, 113-114

Exigências *versus* pedidos, 60, 61-68

F

Famílias, o uso da CNV com: apoiando mudanças em outros, 108-110; aprendendo com erros, 80-82; assumindo papéis para curar, 84-85, 132-134; conexão empática com outros, 99-100; pedidos, 58-60; respondendo a partir da energia divina, 63-68

Financiamento: para mudanças sociais, 153-156; para projeto piloto da escola divertida, 153-156; para projeto da escola St. Louis, 153-156

Foco positivo/negativo no trabalho de mudança social, 175-176

Fumo, incidente do, 108-110

G

Gangue, estruturas de: criando mudanças em, 121-122; terroristas, 138-139; em sistemas baseados em autoridade, 118-120; ver também estruturas baseadas em autoridade

Gangue da estrutura econômica, 118, 121-122

Gangues de rua, 123-125

Gangues em guetos, e o uso da CNV, 123-125

Governos: como gangues, 118; mudança social nos, 139-141, 149-152

Gratidão: expressando através da CNV, 178-180; expressando através de elogios e cumprimentos, 177-178; no trabalho de mudança social, 175-176; recebendo através da CNV, 180-181

"Guerra do lixo", 66-67

Guerras tribais, CNV nas, 134-138

H

Hawken, Paul, 186

Homens e a negação de necessidades, 59, 118

Humildade, 180-181

I

Imagens de inimigo, transformação, 131-141, 152, 162, 165

Intenção da CNV, 27

J

Julgamentos: como expressão de sentimentos e necessidades, 46-49, 50-52, 81, 135-138; elogios e parabéns como, 177-178; internalizados, 74-75, 80, 92, 181; moralistas, 44, 75, 120, 177, 181; nas estruturas baseadas em autoridade, 38, 117-118; respondendo a julgamento dos outros, 89-95, 99-104, 132-138, 151-152, 164-165; *versus* observações, 43-46, 170-171

Justiça baseada em "merecimento", 29
Justiça restaurativa, 107, 112-114, 126, 186
Justiça retributiva, 118, 126, 186

K
Katz, Michael, 120-121
Kohn, Alfie, 178
Korten, David, 186
Krishnamurti, Jiddu, 45, 171

L
Libertário/terrorista, conceitos, 29, 138
Linguagem: burocrática, 151-152; das estruturas baseadas em autoridade, 118, 120, 151-152; de ação afirmativa, 57-60; de sentimentos e necessidades, 48, 59, 80-81, 198; formas que expressam violência, 29, 80, 84, 177-178
Luto por nossas ações, 76, 78, 83-85, 113-114

M
Macy, Joanna R., 163
Manipulação usando elogios, 177
"Mau" como conceito, 20, 80, 118
Mediação com CNV: entre tribos em guerra, 134-138; nas famílias, 132-134; nos ambientes de negócios, 92-93, 167-169; táticas especiais, 172
Medo: de expressar sentimentos/necessidades, 91, 168-169; de ouvir mensagens dos outros, 90-91
Mensagens dos outros, respondendo às necessidades nas, 89-96, 99-104, 113-114, 132-138, 151-152, 164-165
"Merecimento", 29, 118, 180-181
Minorias e mudanças sociais, 148-152
Mito da doença mental, O (Szasz), 79
Moralismo, ver julgamentos
Motivadores nos sistemas baseados em autoridade, 43-45, 49-50, 74-75
Mudança: dentro de si, 73-86, 126, 185; estimular a mudança dos outros, 107-113, 185-186; no mundo, 107, 120-122, 139-141, 185-186; tática baseada em autoridade, 44-45, 74-75; ver também mudança social
Mudança social: começa internamente, 82-83, 185; energia espiritual subjacente à, 166-167; formação de equipe para, 147-157; gratidão como estímulo à, 175-176; nas escolas, 120-122; no sistema judicial, 126, 185-186; patrocínio para, 153-156; transformação das imagens de inimigo, 131-141
mulher argelina, trabalho de cura com CNV, 94-95
mulheres, e a negação de necessidades, 59, 118
Mundo pós-corporativo, O (Korten), 186

N

"Não", medo de escutar, 91
Não reação à CNV, 102-103
Natureza humana: como má, 29, 43-44; teorias sobre, 24-26, 27-29
Necessidades: como base do comportamento, 22-23, 76-78, 80-83, 84-85, 108-112; como causa de sentimentos, 49; como expressão de gratidão, 178-180; conexão empática com as necessidades dos outros, 89-96, 164-165; consciência das, 117; erros e, 80-83, 85; identificação de, 50-52; medo de expressar, 91, 168-169; mudança social e, 139-141; nas mensagens dos outros, 99-104, 132-138, 151-152; vocabulário das, 59, 198
Necessidades não atendidas: identificando no trabalho de cura, 80-85; julgamentos como expressão de, 46-48, 50-52, 135-139; no trabalho de cura, 80-85; ver também necessidades
Negócios: avaliação de desempenho, 170-171; e gangue da estrutura econômica, 118, 121-122; uso da CNV nos, 92-93, 167-169; uso de elogios e parabéns, 177-178
Nigéria, CNV na, 134-138

O

O que está vivo em nós?, 21, 36-38, 83-86, 92, 99; ver também sentimentos; necessidades
O que podemos fazer para tornar a vida mais maravilhosa?, 21, 38; ver também pedidos
Obediência à autoridade como meta da educação, 51, 121
Objetivos, para motivar transformação nos outros, 108-109
Obrigações, como motivador, 63
Observação: como estímulo de sentimentos, 49; da expressão de gratidão, 178-180; *versus* julgamento, 43-46, 170-171

P

Passado/presente como foco no trabalho de cura, 83-84, 91-92
Paz : a linguagem da, 21-22; começa conosco, 22, 78, 82-83, 185; empatia como requisito para a, 141; inevitabilidade da, 186
Pedido de desculpas, 83-85, 113-114
Pedidos: esclarecendo, 149; usando linguagem de ação afirmativa, 57-60; *versus* exigências, 60, 61-68
Pena de morte, 126
Permissividade *versus* CNV, 89-90, 139
"Poder com", 23, 67-68, 178
Poder da presença no trabalho de cura, 83-84, 91-92
Preocupação com produção *versus* necessidades humanas, 170

Presídios, trabalho de cura com CNV nos, 110-114
Profecias autorrealizáveis, 44
Programação pelas estruturas baseadas em autoridade, 28-29, 38, 44, 50-51, 74-75, 117-122
Projeto piloto escolar, financiamento, 153-156
Propósito da CNV, 25-30, 89-90
Propósito espiritual da CNV, 25-27, 89
Psicoterapia e CNV, 83
Punição: e recompensa, 29, 38, 117, 120; internalizada, 74-75, 79-80; repensando a, 57-59, 63, 108, 186-187
Punidos pelas recompensas (Kohn), 178

Q
Quando as corporações regem o mundo (Korten), 186

R
Rapidez como abordagem para pedir financiamento, 151-154
Recompensa e punição: como suporte de comportamentos de gangue, 119, 120, 121-122; na educação, 29, 38
Recompensas extrínsecas, 121; ver também recompensa e punição
Refugiados, CNV nos campos de, 100-102
Relacionamento pais e filhos, ver famílias
Relacionamentos diplomáticos resolvidos com CNV, 94
Respondendo a mensagens dos outros, 89-96, 99-104, 113-114, 132-138, 151-152, 164-165
Reuniões improdutivas, aumentando a eficácia de 147-149, 157, 167-169
Revolta racial em Detroit de 1943, 24
Rokeach, Milton, 26
Rotular, 43-44

S
Sentimentos: causa dos, 49-50; causa *versus* estímulo dos, 49; como expressão de gratidão, 178-180; como indicadores de julgamentos internalizados, 74-75, 78, 80; conexão empática com o dos outros, 88-95, 100-103, 113, 141; identificação de, 46-49; medo de expressar, 91, 168-169, 178; vocabulário de, 48, 198
Silêncio, medo do, 91
Sistema de castas como meta da educação, 121
Sistema judicial, criando mudanças no, 126, 186-187; ver também justiça restaurativa; justiça retributiva
Sistema legal, ver sistema judicial

Sistemas de dominação, ver estruturas baseadas em autoridade
Sistemas econômicos, 186-187
Sofrimento natural, 85
Surfar, como metáfora da empatia, 93
Szasz, Thomas, 79

T
Teilhard de Chardin, 186
"Ter de", 64
Terrorismo, 138-139
Terrorista/libertário, conceitos, 29, 138
Trabalho, uso da CNV no, 92-93

V
Vergonha como automotivador, 63, 74
Violência: das recompensas, 177-178; manifestada na linguagem, 80, 84-85; origens da, 28-29, 117
Vocabulário de sentimentos e necessidades, 48-49, 59, 198

W
Wheatley, Margaret, 186
Who Rules America? (Domhoff), 119
Wink, Walter, 28, 117, 151, 170

Z
Zulus, gangue dos, 123-125, 153

OS QUATRO COMPONENTES DA CNV

Expressar objetivamente, como **eu estou**, sem culpar ou criticar.

Receber, empaticamente, como **você está**, sem ouvir recriminações ou críticas.

OBSERVAÇÕES

1. O que eu observo (*vejo, ouço, lembro, imagino, livre de minhas avaliações*) que contribui, ou não, para o meu bem-estar:

   "*Quando eu (vejo, ouço, ...) ...*"

1. O que você observa (*vê, ouve, lembra, imagina, livre de suas avaliações*) que contribui, ou não, para o seu bem-estar:

   "*Quando você (vê, ouve, ...) ...*"

   (*Coisas que recebemos empaticamente, mesmo que não tenha sido dito dessa forma.*)

SENTIMENTOS

2. Como eu me sinto (*emoção ou sensação em vez de pensamento*) em relação ao que observo:

   "*Eu me sinto ...*"

2. Como você se sente (*emoção ou sensação em vez de pensamento*) em relação ao que você observa:

   "*Você se sente ...*"

NECESSIDADES

3. Do que eu preciso ou o que é importante para mim (*em vez de uma preferência ou de uma ação específica*) – a causa dos meus sentimentos:

   "*... porque eu preciso de / porque é importante para mim ...*"

3. Do que você precisa ou o que é importante para você (*em vez de uma preferência ou de uma ação específica*) – a causa dos seus sentimentos:

   "*... porque você precisa de / porque é importante para você ...*"

Faço um pedido claro, sem exigir, de algo que enriqueceria **minha** vida.

Recebo empaticamente o seu pedido de algo que enriqueceria **sua** vida, sem ouvir como uma exigência.

PEDIDOS

4. As ações concretas que eu gostaria que ocorressem:

   "*Você estaria disposto/a ...?*"

4. As ações concretas que você gostaria que ocorressem:

   "*Você gostaria de ...?*"
   (*Coisas que recebemos empaticamente, mesmo que não tenha sido dito dessa forma.*)

OUVIR   FALAR

LISTA DE ALGUNS SENTIMENTOS UNIVERSAIS

Sentimentos quando as necessidades estão atendidas:

- admirado
- agradecido
- aliviado
- animado
- comovido
- confiante
- confortável
- curioso
- emocionado
- esperançoso
- feliz
- inspirado
- motivado
- orgulhoso
- otimista
- realizado
- revigorado
- satisfeito
- seguro
- surpreso

Sentimentos quando as necessidades não estão atendidas:

- aborrecido
- aflito
- assoberbado
- confuso
- constrangido
- desanimado
- decepcionado
- desconfortável
- frustrado
- impaciente
- impotente
- intrigado
- irritado
- nervoso
- preocupado
- relutante
- sem esperança
- solitário
- triste
- zangado

LISTA DE ALGUMAS NECESSIDADES UNIVERSAIS

Autonomia
- escolher sonhos/propósitos/valores
- escolher planos para realizar os próprios sonhos, propósitos, valores

Bem-estar físico
- abrigo
- água
- ar
- comida
- descanso
- expressão sexual
- movimento, exercício
- proteção contra ameaças à vida: vírus, bactérias, insetos, animais predadores
- toque

Celebração
- celebrar a criação da vida e os sonhos realizados
- lamentar perdas: de entes queridos, sonhos etc. (luto)

Comunhão espiritual
- beleza
- harmonia
- inspiração
- ordem
- paz

Integridade
- autenticidade
- criatividade
- sentido
- valor próprio

Interdependência
- aceitação
- acolhimento
- amor
- apoio
- apreciação
- compreensão
- comunidade
- confiança
- consideração
- contribuição para o enriquecimento da vida
- empatia
- honestidade (a honestidade que nos permite tirar um aprendizado de nossas limitações)
- proximidade
- respeito
- segurança emocional

Lazer
- diversão
- riso

©CNVC. Para saber mais, visite www.cnvc.org.

Sobre a Comunicação Não Violenta

Do dormitório à sala do conselho de administração, da classe à zona de guerra, a CNV está mudando vidas todos os dias. Ela oferece um método eficaz e de fácil compreensão que consegue chegar nas raízes da violência e do sofrimento de um modo pacífico. Ao examinar as necessidades não atendidas por trás do que fazemos e dizemos, a CNV ajuda a reduzir hostilidades, curar a dor e fortalecer relacionamentos profissionais e pessoais. A CNV está sendo ensinada em empresas, escolas, prisões e centros de mediação no mundo todo. E está provocando mudanças culturais pois instituições, corporações e governos estão integrando a consciência própria da CNV às suas estruturas e abordagens de liderança.

A maioria tem fome de habilidades que melhorem a qualidade dos relacionamentos, aprofundem o sentido de empoderamento pessoal, ou mesmo contribuam para uma comunicação mais eficaz. É lamentável que tenhamos sido educados desde o nascimento para competir, julgar, exigir e diagnosticar – pensar e comunicar-se em termos do que está "certo" e "errado" nas pessoas. Na melhor das hipóteses, as formas habituais de falar atrapalham a comunicação e criam mal-entendidos e frustração.

Pior, podem gerar raiva e dor, e levar à violência. Inadvertidamente, mesmo as pessoas com as melhores intenções acabam gerando conflitos desnecessários.

A CNV nos ajuda a perceber abaixo da superfície e descobrir o que está vivo e é vital em nós, e como todas as nossas ações se baseiam em necessidades humanas que estamos tentando satisfazer. Aprendemos a desenvolver um vocabulário de sentimentos e necessidades que nos ajuda a expressar com mais clareza o que está acontecendo dentro de nós em qualquer momento. Ao compreender e reconhecer nossas necessidades, desenvolvemos uma base partilhada que permite relacionamentos muito mais satisfatórios.

Junte-se aos milhares de pessoas do mundo todo que aprimoraram seus relacionamentos e suas vidas por meio desse processo simples, porém revolucionário.

Sobre o Center for Nonviolent Communication

O Center for Nonviolent Communication (CNVC) é uma organização global que apoia o aprendizado e a partilha da Comunicação Não Violenta e ajuda as pessoas a resolver conflitos de modo pacífico e eficaz no contexto individual, organizacional e político.

O CNVC é guardião da integridade do processo de CNV e um ponto de convergência para informação e recursos relacionados à CNV, inclusive treinamento, resolução de conflitos, projetos e serviços de consultoria organizacional. Sua missão é contribuir para relações humanas mais sustentáveis, compassivas e que apoiem a vida no âmbito da mudança pessoal, dos relacionamentos interpessoais e dos sistemas e estruturas sociais, tal como nos negócios, na economia, na educação, justiça, sistema de saúde e manutenção da paz. O trabalho de CNV está sendo realizado em 65 países e crescendo, tocando a vida de centenas de milhares de pessoas por todo o mundo.

Visite o site https://www.cnvc.org onde poderá saber mais sobre as atividades principais da organização:

- Programa de Certificação
- Treinamentos Intensivos Internacionais
- Promover Formação em CNV
- Patrocínio de projetos de mudança social através da CNV
- Criação ou ajuda na criação de materiais pedagógicos para ensinar CNV
- Distribuição e venda de materiais pedagógicos de CNV
- Promover ligações entre o público em geral e a comunidade de CNV.

The Center for Nonviolent Communication
9301 Indian School Rd NE, Suite 204. Albuquerque, NM 87112-2861 USA.
Tel: 1 (505) 244-4041 | Fax: 1 (505) 247-0414

Sobre o autor

Marshall B. Rosenberg, Ph.D., fundou e foi diretor de serviços educacionais do Center for Nonviolent Communication – CNVC, uma organização internacional de construção de paz. Além deste livro, é autor do clássico *Comunicação Não Violenta* e de muitas obras sobre este tema. Marshall foi agraciado com o Bridge of Peace Award da Global Village Foundation em 2006, e com o prêmio Light of God Expressing Award da Association of Unity Churches International no mesmo ano.

Tendo crescido num bairro violento de Detroit, Marshall interessou-se vivamente por novas formas de Comunicação que pudessem oferecer alternativas pacíficas às agressões que ele presenciou. Esse interesse motivou seus estudos, até o doutorado em Psicologia Clínica da University of Wisconsin em 1961, onde foi aluno de Carl Rogers. Estudos e vivências posteriores no campo da religião comparada o motivaram a desenvolver o processo de Comunicação Não Violenta.

Marshall aplicou o processo de CNV pela primeira vez em um projeto federal de integração escolar durante os anos 1960 com a finalidade de oferecer mediação e treinamento em habilidades de comunicação. Em 1984 fundou o CNVC, que hoje conta com mais de 200 professores de CNV afiliados, em 35 países do mundo inteiro.

Com violão e fantoches nas mãos, e um histórico de viagens a alguns dos lugares mais violentos do planeta, dotado de grande energia espiritual, Marshall nos mostrou como criar um mundo mais pacífico e satisfatório.

Texto composto em Lora e Montserrat.
Impresso em papel Pólen Soft 80g pela gráfica Cromosete.